FRANK M. LOBSIGER

Die *Kunst* der Selbstliebe

Der Weg zu einer wunderbaren
Freundschaft mit dir selbst

INTEGRAL

Die amerikanische Originalausgabe erschien 2010 unter dem Titel
»The Art of Selflove« bei AraKara Publication.

Das vorliegende Buch ist sorgfältig erarbeitet worden. Dennoch erfolgen alle Angaben ohne Gewähr. Weder Autor noch Verlag können für eventuelle Nachteile oder Schäden, die aus den im Buch gemachten praktischen Hinweisen resultieren, eine Haftung übernehmen.

Hinweis des Verfassers: Der Autor dieses Buches ist kein Mediziner und gibt daher auch keinen medizinischen Rat. Die hier vorgestellten Übungen sollen kein Ersatz für das Gespräch mit einer qualifizierten, medizinisch ausgebildeten Fachperson sein. Wenn Sie unter ernsten psychischen Störungen leiden, wird Ihnen ausdrücklich empfohlen, professionelle Hilfe in Anspruch zu nehmen.

Verlagsgruppe Random House FSC® N001967
Das für dieses Buch verwendete
FSC®-zertifizierte Papier *Super Snowbright*
liefert Hellefoss AS, Hokksund, Norwegen.

Integral Verlag
Integral ist ein Verlag der Verlagsgruppe Random House GmbH.

ISBN 978-3-7787-9252-0

Auflage 2014
Copyright der englischen Originalausgabe © 2010 by Frank M. Lobsiger
Copyright © 2014 by Integral Verlag, München,
in der Verlagsgruppe Random House GmbH
Alle Rechte sind vorbehalten. Printed in Germany.
Lektorat: Manfred Miethe
Grafiken: Sam Roberts
Einbandgestaltung: Reinert & Partner, München,
unter Verwendung eines Motivs von Shutterstock
Satz: Leingärtner, Nabburg
Druck und Bindung: GGP Media GmbH, Pößneck
www.integral-verlag.de

Ich widme dieses Buch
dem Ursprung der Liebe und des Glücks,
dem Göttlichen,
dem Einen Selbst,
in und aus dem wir alle leben.

Inhalt

Einführung 9

Wie man mit diesem Buch arbeitet 17

ERSTER TEIL
Lerne dich selbst kennen 19

KAPITEL 1   **Eine frühe Begegnung mit Selbstliebe** 21

KAPITEL 2   **Liebe und Glück** 29

KAPITEL 3   **Der Ursprung des Unglücklichseins –
dein innerer Krieg** 37

ZWEITER TEIL
Selbstliebe beginnt mit dir 67

KAPITEL 4   **»Erwachen« – Selbstliebe beginnt
mit bewusster Selbstwahrnehmung** 69

KAPITEL 5   **Selbstliebe ist eine bewusste Wahl** 99

DRITTER TEIL
Die Praxis der Selbstliebe 121

KAPITEL 6   **Der Willkommens-Prozess™ –**
der Schlüssel zur Kultivierung der Selbstliebe . . . 123

KAPITEL 7   **Willkommen heißen –**
der erste Schritt des Willkommens-Prozesses . . . 137

KAPITEL 8   **Zulassen –**
der zweite Schritt des Willkommens-Prozesses . . 145

KAPITEL 9   **Den Bodyshift wahrnehmen –**
der dritte Schritt des Willkommens-Prozesses . . . 165

KAPITEL 10   **Das Herz des Willkommens-Prozesses:**
der Willkommens-Kreislauf 183

KAPITEL 11   **Jetzt bist du dran – die praktische Umsetzung** . . . 207

KAPITEL 12   **Selbstliebe – Schlüssel und Weg**
zu einem erfüllten Leben 225

ANHANG

Fragen und Antworten 237

Schreibvorlage für das normale
Willkommens-Sitzungs-Format 241

Glossar 244

Anmerkungen 249

Dank 253

Über den Autor 255

Kontaktinformationen 256

Einführung

Die Bejahung des eigenen Lebens, des eigenen Glücks und Wachstums
und der eigenen Freiheit ist in der eigenen Liebesfähigkeit verwurzelt.

Erich Fromm[1]

Während vieler Jahre litt ich unter Selbstkritik, Selbstablehnung
und Selbstverurteilung. Aber am meisten schmerzte mich der
Mangel an Selbstliebe.[2] Als ich anfing, mich selbst zu lieben,
machte ich eine erstaunliche Entdeckung: Alles Leiden und alle
Schwierigkeiten, die ich im Laufe meines Lebens hatte, wurden
nicht von anderen Personen oder schweren Schicksalsschlägen
verursacht, wie ich es mir eingebildet hatte. Das allergrößte Leid
hatte ich durch meine ablehnende Haltung mir selbst gegenüber
erschaffen.

Wenn Selbstkritik oder Selbstabwertung in seinen vielfältigen
Ausdrucksformen auch dir Schmerz und Leiden bereiten, dann
habe ich dieses Buch ganz besonders für dich geschrieben. Es ist
wichtig zu verstehen, dass die negative Haltung, mit der du dir
selbst begegnest, nur angelernt ist. Deshalb kann sie auch um-
gelernt und verändert und durch eine liebevolle und selbstbeja-
hende Grundhaltung ersetzt werden.

Im Alter von 17 Jahren erreichten meine Selbstkritik und

gewohnheitsmäßigen Selbstangriffe eine derartige Intensität, dass sie meine Selbstachtung und mein Selbstvertrauen fast vollständig zerstört hatten. Mein Selbstwertgefühl war zerfetzt und ich fühlte mich wirklich unglücklich. Diese Gefühle der Wertlosigkeit verstärkten mein Elend noch mehr, da sie mich anderen und der Welt entfremdeten. Und gleichzeitig, aus der Tiefe dieses schwarzen Lochs heraus, spürte ich eine tiefe Sehnsucht, wahres inneres Glück zu finden. All diese Erlebnisse sowie mein innerer Leidensdruck führten mich auf eine große Reise der Selbstentdeckung und Selbstheilung.

Erst, als ich mich entschied, mich selbst zu lieben – und zwar unabhängig davon, was auch immer geschehen würde –, begann sich mein innerer Krieg abzuschwächen. Schritt für Schritt erlebte ich, wie die Liebe zu mir selbst auch Selbstachtung, Selbstvertrauen, Freiheit und Glück aus meinem Inneren hervorbrachten. Genau das Gleiche wirst du erleben, wenn du dich entscheidest, mit der Methode dieses Buches, die Kunst der Selbstliebe in dir zu kultivieren.

Wir sind alle darauf ausgerichtet, Glück in der Außenwelt zu suchen. Wir sind auf der Suche nach Liebe bei anderen. Wir jagen nach Vergnügen in der Form von Sex, Essen und Ferien. Wir bilden uns ein, dass ein attraktiver Partner, eine gut bezahlte Anstellung, eine angesehene Position, finanzielle Sicherheit, ein luxuriöses Zuhause und ein schicker Wagen uns dauerhaftes Glück bringen werden. Wie du bestimmt aus eigener Erfahrung weißt, löst sich der anfängliche »Kick«, der mit der Erfüllung eines jeden Wunsches einhergeht, allmählich auf. Dann bist du wieder am gleichen Punkt. Du fühlst dich genauso bedürftig und unvollständig wie zuvor und einmal mehr entzieht sich dir das dauerhafte Glück.

Unabhängig davon, wie wohlhabend oder erfolgreich du bist,

wie sehr du geschätzt oder geliebt wirst, früher oder später wirst du mit dir selbst konfrontiert sein – von Angesicht zu Angesicht. Du kannst nicht vor dir selbst davonlaufen, denn der Mensch, mit dem du immer zusammenleben wirst und musst, das bist du selbst. Und falls nicht einmal Angst, Frustration oder Langeweile deine Fröhlichkeit auslöschen können, wird ein unvorhergesehener Schicksalsschlag – zum Beispiel der Verlust eines geliebten Menschen oder deiner materiellen Sicherheit – dir den Ursprung deines *äußeren Glücks* rauben. Was machst du dann? Wie gehst du mit diesem Verlust um?

Mit eben dieser Situation wurde ich vor einigen Jahren konfrontiert, als meine Ehe zu Ende ging und ich meine äußere Quelle des Glücks verlor: den Menschen, den ich zu dieser Zeit am meisten liebte. Sechs Monate, nachdem meine Frau und ich uns getrennt hatten, litt ich immer noch fürchterlich. Ich vermisste ganz einfach ihre liebevolle Präsenz, ihre Zuneigung und Zärtlichkeit. Die Trennung von ihr hinterließ eine tiefe Wunde in mir, die einfach nicht heilte. Jeden Abend, wenn ich von der Arbeit nach Hause kam und mein leeres Haus betrat, war ich erneut mit Gefühlen der Einsamkeit und des Getrenntseins konfrontiert. An einem dieser Abende fragte ich mich auf einmal: »Was mache ich jetzt? Gehe ich auf die Suche nach einer anderen Frau, die mir ihre ›Liebe‹ schenkt und mich meinen Schmerz vergessen lässt?« Damals war mir klar, dass das Suchen nach Trost in den Armen einer anderen Frau mehr eine Flucht als eine Lösung sein würde. Ich wusste, dass es meine Aufgabe ist, mich um meinen Schmerz zu kümmern, obwohl ich mich so einsam und verlassen fühlte.

Am Tiefpunkt angelangt fragte ich mich: »Was ist wirklich wichtig im Leben? Was macht das Leben lebenswert?« Die Antwort tauchte sogleich auf: Liebe. Daraufhin jagte eine Frage die nächste: »Was ist Liebe? Kann ich Liebe willentlich erzeugen, oder ist sie etwas, das einfach kommt und geht, so wie es ihr eben gerade beliebt?« Ich war voller Fragen, die ich nicht klar beantworten konnte. »Ist Liebe und lieben dasselbe? Wenn nicht, was ist der Unterschied? Wie liebst du überhaupt? Was tust du, wenn du liebst? Wie liebst du einen anderen Menschen? Wann fühlst du dich geliebt?« Diese spontane Selbstbefragung führte mich zu der grundlegenden Frage: »Wie liebst du dich selbst?«

Innerlich war mir klar: »Mich selbst zu lieben« würde das Rezept sein, um meinen Herzschmerz zu heilen. Aber ich wusste einfach nicht, wie ich es bewerkstelligen sollte, mich auf eine praktische und konkrete Art zu lieben. Bis zu diesem Punkt war ich immer mehr darum bemüht gewesen, geliebt zu werden, als zu lieben, weil ich glaubte, dass Liebe und das mit ihr verbundene Glücksgefühl von einem anderen Menschen kommen. Natürlich tat ich mein Bestes, ein liebevoller Mann zu sein, damit meine Ehefrau in meiner Gegenwart glücklich wäre und mich weiterhin mit ihrer Liebe überschütten würde. In dieser Dynamik, sie zu lieben, um wiederum von ihr geliebt zu werden, hatte ich aber nie gelernt, mich selbst zu lieben.

Im Gegenteil: Meine Abhängigkeit von der Liebe meiner Lebenspartnerin nahm immer mehr zu, genauso wie meine Angst vor dem Schmerz und dem Schrecken, die in mir ausgelöst werden würden, sollte ich sie eines Tages verlieren. Vorher hatte ich meine Überzeugung, dass Liebe von außen kommt, nie bewusst erforscht, und deshalb wusste ich auch nicht, wie ich mit der Liebe in meinem Inneren in Kontakt kommen konnte.

Wir verwenden Dutzende, Hunderte, ja sogar Tausende von Stunden darauf zu lernen, wie man geht, spricht, rechnet, ein Fahrrad fährt, ein Auto lenkt, ein Instrument spielt, sich in einer

Fremdsprache unterhält, einen Computer benutzt, einen Beruf sachkundig ausübt und unzählige andere Fähigkeiten meistert. Aber hast du jemals auch nur eine Stunde damit verbracht zu lernen, dich selbst zu lieben? Weißt du, wie du mit dir in eine bewusste und liebevolle Beziehung treten kannst? Frage dich ganz ehrlich: Kannst du dich erinnern, ob dir jemals jemand beigebracht hat, was Selbstliebe ist? Wenn du wie die Mehrheit der Menschen aufgewachsen bist, dann ist deine Antwort: »Nein!« Wir bilden uns ein, uns selbst zu lieben sei etwas, mit dem wir geboren würden – man hat es oder man hat es eben nicht, wie das absolute Musikgehör –, obwohl in Wirklichkeit Selbstliebe eine Fähigkeit ist, die jedefrau und jedermann erst lernen muss.

Wie kannst du von dir erwarten, dich selbst zu lieben, wenn du nie gelernt hast, was dazu nötig ist und was es beinhaltet? Manchmal leben Menschen wirklich in der Annahme, dass sie über bestimmte Fähigkeiten oder bestimmtes Wissen verfügen, nur weil sie (jetzt eben) »erwachsen« sind. Um eine Analogie zu gebrauchen, das ist genauso, als ob du glauben würdest, du könntest Klavier spielen, nur weil du ein Erwachsener bist. Und dann, wenn ich dich bitte, mir ein Musikstück auf dem Klavier vorzuspielen, realisierst du auf einmal: »Oh, ich kann ja gar nicht wirklich Klavier spielen.« Die Situation ist grundsätzlich die gleiche, wenn es um das Thema Selbstliebe geht.

Ist es nicht eigenartig, dass du in deinem Leben so viele Dinge lernst, aber nie, wie du dich selbst lieben und dein eigener bester Freund sein kannst? Nun, du bist damit nicht allein. Die meisten Menschen tappen völlig im Dunkeln, wenn es um die praktische Umsetzung und Anwendung von Selbstliebe geht – besonders in schwierigen Lebensphasen, wenn man die eigene liebevolle Zuwendung am meisten benötigt.

Glücklicherweise sind »Liebe« und »Glück«, die wir alle suchen, nicht dort draußen, sondern in uns selbst. Jedermann und jedefrau haben ein innerstes Selbst, welches der wahre Ursprung der Liebe und des Glücks ist. Aber bedauerlicherweise werden im Verlaufe des Lebens deine essenziellen Qualitäten – wie Liebe, Freude, Friedfertigkeit, Kreativität, Lebendigkeit, Humor, Spontaneität, Mut und so weiter – überdeckt von Selbsthass, der sich als Selbstkritik, Selbstverurteilung, Selbstablehnung und Selbstvernachlässigung manifestiert. Je stärker deine Selbstkritik und deine Selbstangriffe sind, desto weniger bist du fähig, deine essenziellen Qualitäten auszudrücken. Das führt dazu, dass du dich von deinem inneren Zentrum, deinem Selbst, abgeschnitten fühlst – was in dir ein tiefes Gefühl des Unglücklichseins und des Leidens hervorruft.

Selbstangriff ist ein Gift, das zunehmend unser inneres Glücklichsein abtötet und auf diese Weise seinen zerstörerischen Einfluss ausbreitet. Zuerst zerstört er deine Selbstachtung und dein Selbstwertgefühl, anschließend dein Selbstvertrauen und deine Fähigkeit, deine Ziele zu erreichen. Wenn sich diese destruktive Dynamik fortsetzt, kann es dazu führen, dass du zu glauben beginnst, du wärest tatsächlich wertlos, machtlos und dazu verdammt, ein elendes und unbedeutendes Leben zu führen. Das ist nicht wahr! Dieses negative und selbstzerstörerische Verhalten kann umgekehrt und in einen positiven, selbstbejahenden und Selbstliebe fördernden Kreislauf transformiert werden. Dieses Buch wird dir zeigen, wie du das tun kannst.

Wahrscheinlich hast du, genau wie ich, nie eine Gebrauchsanweisung erhalten, wie du dich selbst lieben und mit dir selbst auf bewusste und liebevolle Art in Beziehung treten kannst. Dieses Buch ist eine solche Anleitung und das Ergebnis meiner eigenen Reise auf dem Weg zur Selbstliebe. Das Herz dieses Buches bildet die Beschreibung des Willkommens-Prozesses™[3] – der Höhepunkt meiner mehr als zwanzigjährigen Suche und Forschung, entstanden aus intensiver Innenschau und Selbstanalyse und angetrieben von tiefem inneren Leiden sowie der Sehnsucht, frei und glücklich zu leben.

Die Methode ist aus Wissen, Erfahrungen und Einsichten entstanden, die ich in zahlreichen professionellen Ausbildungen im Bereich Heilung gewonnen habe, sowie in Dutzenden von Kursen und Workshops, Tausenden von Therapiestunden mit Klienten und vielen Jahren täglicher Yogapraxis. Der Willkommens-Prozess ist eine kraftvolle, praktische und direkte Methode, die dir aufzeigen wird, wie du die Kunst der Selbstliebe in deinem eigenen Leben kultivieren kannst. Einmal wirklich gelernt und angeeignet, steht dir dieser Prozess dein ganzes Leben lang zur Verfügung – genauso wie das Lesen oder Schreiben.

Ich glaube, der Hauptzweck des Lebens besteht darin, die eigene Liebesfähigkeit zu kultivieren. Die höchste Praxis besteht darin, sich selbst zu lieben – bedingungslos und unabhängig davon, womit du gerade konfrontiert bist. Gibt es einen besseren Ort, die Kunst des Liebens zu erlernen und zu praktizieren, als in dir selbst, in deinem eigenen Bodymind?[4] Und bevor es dir bewusst ist, allmählich, Schritt um Schritt, wirst du so voller Liebe sein, dass sie von dir ganz natürlich auch auf andere überströmt. In diesem Moment wirst du realisieren, dass Selbstliebe die beste Grundlage ist, um einen anderen zu lieben und eine erfüllende Beziehung zu kreieren. Deshalb besteht das größte Geschenk, das du dir, deinen geliebten Mitmenschen und der Welt als Ganzem schenken kannst, darin anzufangen, dich selbst zu lieben.

Da der Willkommens-Prozess meinen Klienten, Kursteilnehmern, Freunden und mir immer mehr Liebe und inneres Glück gebracht hat, weiß ich, dass auch du durch seine Anwendung das Gleiche erfahren wirst. Ich wünsche dir, dass du deine Reise zu immer größerer Selbstliebe mithilfe des Willkommens-Prozesses genießen kannst und zur selben Einsicht gelangen wirst: Dich selbst zu lieben ist der Schlüssel zum Glück.

Wie man mit diesem Buch arbeitet

Was wir lernen müssen, lernen wir, indem wir es tun.

Aristoteles

Dieses Buch soll eine praktische Anleitung sein, die ich mit der Absicht geschrieben habe, dir, dem Leser, Schritt für Schritt beizubringen, wie du dich selbst lieben kannst – wie du selbst zu deinem besten Freund werden kannst. Zusätzlich soll *Die Kunst der Selbstliebe* auch eine Quelle der Inspiration und Einsicht sein, die dir dabei helfen kann, dich, andere und die menschliche Natur besser zu verstehen.

Herzstück dieses Handbuchs ist eine einfache und wirksame Methode, die als Willkommens-Prozess bezeichnet und im dritten Teil des Buches vorgestellt wird. Die ersten und zweiten Teile bilden die Grundlage und bestehen aus klar definierten Begriffen und Konzepten, die dich dabei unterstützen sollen, dein Verständnis zu vertiefen und zu erkennen, wo du in deiner Beziehung zu dir selbst stehst und wohin du mithilfe des Willkommens-Prozesses gelangen kannst. Aus diesem Grund empfehle ich dir, das Buch von Anfang bis Ende in der vorgegebenen Reihenfolge zu lesen und mit Kapitel 1 zu beginnen. Wenn du aber sofort wissen möchtest, wie die eigentliche Methode funktioniert, lade ich dich ein, geradewegs zum dritten Teil, dem Herzstück dieses Buches, zu gehen und dich mit den drei Grundschritten des Willkommens-Prozesses vertraut zu machen.

Nachdem du den dritten Teil durchgelesen hast, ist es ratsam, das Buch von Anfang an durchzulesen, um die methodenspezifischen Begriffe[5] zu verstehen und die grundsätzlichen Informationen und grafischen Darstellungen in dich aufzunehmen. Zwecks Klarheit, Einfachheit und um dir eine schnelle Rückschau auf das Gelesene zu ermöglichen sowie um den Willkommens-Prozess schnell zu erlernen, habe ich die wichtigsten Informationen und Grundregeln in grafischen Darstellungen, einfachen Auflistungen und fettgedruckten Textstellen zusammengefasst.

ERSTER TEIL

Lerne dich selbst kennen

KAPITEL 1

Eine frühe Begegnung mit Selbstliebe

Es gibt keine mächtigere Waffe zur Verwirklichung der Wahrheit,
als die, sich selbst zu akzeptieren.

Swami Prajnanpad[6]

C.G. Jung, Schweizer Psychiater und Begründer der Jungia-
nischen oder Analytischen Psychologie, nennt sie die großen
Träume: diese tief greifenden, emotional aufwühlenden und un-
vergesslichen Einblicke jenseits der alltäglichen Realität, die uns
ein Leben lang begleiten. Diese Träume sind transpersonal und
archetypisch; sie übermitteln Botschaften und Heilung, die sowohl für das Individuum, wie auch das Kollektiv bestimmt sind.
Ich hatte einen solchen Traum, als ich sechs Jahre alt war.

Der Tempeltraum

Ich stehe vor einer beeindruckenden Treppe, die zu einem gewaltigen weißen Tempel führt. Jede Treppenstufe scheint ungefähr
einen halben Meter hoch zu sein. Mir ist vollkommen klar: »Dies
ist der heiligste Tempel in ganz Griechenland und der gesamten
antiken Welt.« Ich bin entschieden, diese Stufen zu erklimmen
und bis zum Eingang hochzusteigen.

Als ich langsam näher zum riesigen Eingangsportal komme, höre ich auf einmal eine Stimme in meinem Kopf: »Du darfst nicht zum Tempel hochsteigen. Du hast dazu keine Erlaubnis, denn dieses heilige Gebäude wurde ausschließlich zu Ehren geistig hoch entwickelter Wesen gebaut: für Yogis, Seher und Heilige.«

Obwohl ich die Worte dieser Stimme ganz deutlich höre, bleibe ich bei meinem Entschluss: »Ich will zum Eingang dieses Tempels und nichts kann mich daran hindern!« Nachdem ich vielleicht 30 Stufen erklommen hatte, stehe ich vor einem zwei-flügeligen Holztor. Auf beiden Seiten des Flügelportals sehe ich verzierte weiße Marmorsäulen, die das dreieckige Tempelvor-dach stützen. Die Säulen sind mindestens 30 Meter hoch.

Vor dem Eingang stehend, spricht die gleiche Stimme erneut zu mir, aber diesmal in einem noch lauteren und noch bestimm-teren Ton: »Du musst umkehren! Geh zurück! Du bist nicht be-rechtigt, diesen Tempel zu betreten. Nur wahrhaft Heilige haben das Recht einzutreten. Du selbst hast diese erforderliche Stufe der Weisheit und Heiligkeit jedoch nicht erreicht. Kehre um!«

Tief in meinem Inneren weiß ich, dass die Stimme die Wahr-heit sagt, denn ich bin kein Weiser und mit Sicherheit kein Hei-liger. Mir ist klar, dieser Tempel wurde für Heilige und Weise errichtet, aber nicht für einen Burschen wie mich. Trotz allem, etwas in mir fühlt sich angetrieben, weiterzugehen.

Auf einmal steigt ein Mann in einem weißen Gewand die Stu-fen hinauf. Er bewegt sich mit solcher Leichtigkeit und Eleganz, dass es mir scheint, als ob er die Treppe hochschweben würde. Er kommt näher, doch bevor ich sein Gesicht klar sehen kann, ist er bereits im Tempel verschwunden. Es ist offensichtlich, dass dieser Mann ein außergewöhnliches Wesen ist, im wahrsten Sinne eine menschliche Verkörperung des Göttlichen.

Am Eingangsportal angekommen merke ich, dass der Türgriff so hoch oben angebracht ist, dass ich ihn nicht erreichen kann; also mache ich es wie der Heilige und drücke gegen den rechten Flügel des Eingangstores. Zu meinem Erstaunen lässt sich dieser ganz leicht öffnen und ich trete ein.

Staunend blicke ich auf gigantische Steinsäulen, die rechts und links von mir in einer Zweierreihe angeordnet und gute 60 Meter voneinander entfernt sind. Meine Augen folgen den Steinsäulen vom Boden her immer weiter nach oben, ohne dass ich ihr Ende erkennen kann, denn sie verlieren sich in der Unendlichkeit des Raumes über mir.

Es ist offensichtlich, dass dieser Tempel nicht von Menschenhand erbaut wurde. Allmählich wird mir bewusst, dass dies ein Durchgangstor ist, eine Passage in eine andere Dimension. Während sich außerhalb der Tempeltüren das geschäftige Leben einer griechischen Großstadt an einem sonnigen Tag abspielt, kann ich hier drinnen die Unendlichkeit des äußeren Raums über mir in Form des grenzenlosen Nachthimmels erblicken.

Der Boden unter meinen Füßen ist vollständig mit glatten Steinplatten ausgelegt. Ein sanftes Licht, das von nirgendwo und überall zugleich herzukommen scheint, durchdringt den Raum, der mich umgibt, und macht es mir möglich zu sehen, obgleich es im Tempel dunkel ist. Meine Absicht ist klar, und ich durchquere die Halle und dringe immer tiefer in das Innere des Tempels vor, während ich an den Säulen vorbeigehe.

Erneut höre ich die Stimme: »Kehre um! Du musst anhalten! Du darfst nicht weitergehen! Dies ist ein verbotener Ort für dich! Du hast keine Berechtigung, hier zu sein!« Ich »*überhöre*« die Stimme und gehe weiter. Mein Gefühl für Raum und Zeit verliert sich in der Unermesslichkeit, die mich umgibt.

Schließlich komme ich zum Ende des mir eben noch endlos

scheinenden Säulengangs und stehe am Anfang einer giganti-
schen, freien Fläche, einer Art Agora, dem klassischen Mittel-
punkt einer antiken griechischen Stadt. Ich halte kurz inne und
entscheide mich dann, weiterzugehen, obschon die Stimme in
meinem Innern schreit: »Halt! Umkehren!«

Auf einmal erreiche ich die Mitte dieses immensen Platzes,
wo ich einen runden Steinkreis vor mir sehe, mit einem Durch-
messer von einem Meter, der in eine Steinplatte eingemeißelt
wurde. Vor der Umrandung des Kreises bleibe ich stehen. Ein tiefes, inneres Wissen sagt mir: »Dieser Steinkreis ist das Herz dieses Tempels, das Heiligste des Heiligen. Er ist der Grund, warum
dieser Tempel überhaupt erbaut wurde und warum die Heiligen
hierherkommen.«

Bevor ich meine Gedanken vollständig gesammelt habe, ertönt die Stimme erneut: »Gehe zurück! Kehre um!« Die Stimme
ist noch bestimmter als zuvor und warnt mich mit folgenden
Worten: »Denke nicht einmal daran, in das Innere dieses Kreises
zu treten. Nur diejenigen, die die höchsten Stufen der Erleuch-
tung und der Selbstverwirklichung erreicht haben, besitzen die
Berechtigung, in diesem heiligen Kreis, dem Herz des Tempels,
zu stehen.«

Ich zögere kurz, während ich all meinen Mut zusammen-
nehme. Dann trete ich mit einem entschlossenen Schritt in den
geweihten Steinkreis. In diesem Moment verstummt die Stimme.

Erregt frage ich mich, was wohl als Nächstes geschehen wird.
Plötzlich erscheint weit über mir eine Lichtsäule, die das Innere
des Kreises bis auf den Boden ausfüllt. Auf die sanfteste Weise,
die man sich nur vorstellen kann, beginnt dieses Licht jede
Zelle meines Körpers zu durchdringen und jedes Teilchen und
jeden Aspekt meiner gesamten Existenz zu durchströmen –
jede Körperempfindung, jede Emotion, jeden Gedanken, alles,

was ich jemals erlebt, gespürt oder gewünscht habe. Mein ganzes Wesen entspannt sich und wird erfüllt von einer Wärme, Süße und Ekstase, die alle Sinne vereinigt und verzückt. »Ich bin angekommen! Ich bin endlich zu Hause!« Ich bin vollkommen durchdrungen von Glückseligkeit, in Licht und Liebe gebadet, und realisiere, dass ich in der Gegenwart der Liebe selbst stehe.

Freude und Erfüllung dieses Augenblicks sind jenseits aller Worte und Beschreibungen. Ich bin vollkommen im Frieden mit allem und unaussprechliche Dankbarkeit und höchstes Glück durchströmen mich. Liebe ist alles, was existiert. Alles ist perfekt in der Gegenwart dieses Göttlichen Lichtes. ALLES IST LIEBE … ABSOLUTE GÜTE …

Auf einmal ertappe ich mich beim Denken folgenden Gedankens: »Es gibt wirklich nichts mehr, das ich mir noch jemals wünschen könnte.« Alle Reichtümer und Vergnügungen des Universums werden mich nicht dazu verleiten können, jemals wieder aus diesem Kreis der Liebe herauszutreten. Ich habe ganz einfach keinen Wunsch mehr, außer einem einzigen: vollkommen und in alle Ewigkeit mit diesem Göttlichen Licht zu verschmelzen. »Ja, das ist mein einziger und letzter Wunsch: mit dir, Geliebtem Liebeslicht, auf ewig eins zu sein!«

Aber da schaue ich auf meinen Körper und entdecke dunkle Stellen, Schattenflecken, die kein Licht durchlassen. In diesem Moment wird mir die zum Himmel schreiende Wirklichkeit meiner Situation vollständig bewusst. Intuitiv verstehe ich die Auswirkungen dieser dunklen Schattenflecken in meinem Körper. Es ist die bitterste und schmerzhafteste Wahrheit, der ich je ins Angesicht geschaut habe. Alle diese dunklen Schattenflecken sind Teile und Aspekte von mir, die ich verurteilt, abgelehnt und noch nicht zu lieben gelernt habe.

Alles, was ich jemals an mir selbst oder an anderen gehasst oder verachtet habe, kann ich jetzt in der Form von dunklen Stellen in meinem von Licht erfüllten Körper sehen. Mir ist sofort klar, dass ich nicht eins werden kann mit dem Licht der Liebe, solange ich nicht all diese Schattenflecken bewusst annehme und liebe, damit sie sich zurück in reines Licht transformieren können. Nur dann wird es mir möglich sein, mit dem Göttlichen Liebeslicht auf alle Ewigkeit zu verschmelzen.

Kurz darauf dämmert es mir: »Das ist also der Grund, warum die innere Stimme mich unentwegt aufgefordert hat umzukehren.« Sie wollte mich nicht zurückhalten, sondern mich vor diesem herzzerreißenden Schmerz schützen, der durch meine Unfähigkeit, mich vollständig mit dem Licht der Liebe zu vereinigen, verursacht wird. Nun weiß ich auch, dass ich keine andere Wahl habe, als die Schmerzlichste aller Entscheidungen zu fällen: aus dem Lichtkreis herauszutreten und geradeaus weiterzugehen über den riesigen Platz, durch den Säulengang hindurch, um den Tempel auf der anderen, direkt gegenüberliegenden Seite durch das Ausgangsportal zu verlassen.

Ich erwachte, tief berührt und mir zutiefst bewusst, dass ich lernen muss, mich selbst zu lieben. Ich realisierte, dass jeder Aspekt von mir, den ich jemals abgelehnt, unterdrückt, gehasst, gefürchtet oder verurteilt habe, geliebt werden will. Einzig, wenn ich lerne, all meine Schattenflecken zu lieben, können sich diese zurück in reines Licht transformieren, und nur dann wird es mir möglich sein, mit dem Liebeslicht eins zu werden.

Da ich zum Zeitpunkt dieses Traumes noch ein kleiner Junge war, wusste ich nicht, wie ich diese große Lebensaufgabe erfüllen sollte, mich selbst zu lieben. Jetzt, mehr als drei Jahrzehnte später, kann ich dir voller Freude den von mir entwickelten

Willkommens-Prozess anbieten, eine einfache und praktische Methode, um die Kunst der Selbstliebe in deinem eigenen Leben zu kultivieren.

Ich habe diesen Prozess kreiert, um die unerbittlichen, gegen mich selbst gerichteten Angriffe sowie meine Abhängigkeit von der Liebe eines anderen Menschen zu überwinden. Mit anderen Worten: Mein eigenes Leiden hat mich gezwungen, eine Lösung zu finden. Wenn du diese wirkungsvolle, elegante und direkte Technik in deinem Leben anwendest, wirst du dich selbst immer mehr lieben. Indem du deine eigenen Schattenflecken Schritt für Schritt transformierst, wirst du feststellen, dass dieser Prozess dein inneres Licht freisetzt, die wahre Quelle der Liebe und des Glücks in deinem Innern.

KAPITEL 2

Liebe und Glück

Glücklich zu sein ist Sinn und Zweck des Lebens,
das ganze Bestreben und Ziel der menschlichen Existenz.

Aristoteles[7]

Du, ich, wir alle sehnen uns nach Liebe. Warum? Jedes Mal,
wenn du Liebe in dir spürst, fühlst du dich vollständig glücklich
und ganz. In diesem Moment sind alle deine Wünsche und Be-
gierden erfüllt. In der Gegenwart der Liebe beginnen sich deine
Kümmernisse und Sorgen aufzulösen. Du bist in vollständigem
Frieden und fühlst dich, als ob du »heimgekehrt« wärst. Du bist
eins mit deinem wahren Selbst, dem Göttlichen in dir, dem Kern
deines Wesens. Eins mit der Liebe in dir wirst du durchströmt
von größter Wonne und Glückseligkeit. In einfachen Worten ausgedrückt: Liebe und Glück gehen Hand in Hand und sind un-
trennbar miteinander verbunden.

Liebe ist die Quelle des Glücks

Liebe ist immer eine subjektive Erfahrung, einzigartig für den
Menschen, der sie in sich fühlt.

Tief in deinem Innern bist du mit der Natur der Liebe aufs

Innigste vertraut. Liebe ist eine innere Erfahrung; sie ist nichts Objektives, das gemessen oder von außen betrachtet werden kann. Wenn du den Geschmack und die Beschaffenheit von Vanilleeis kennenlernen willst, dann musst du es kosten. So ist es auch mit der Liebe.

Die besten Dinge im Leben kann man nicht erklären; sie können nur erfahren und direkt erlebt werden. Das gilt auch für das Glücklichsein. Niemand kann dir wirklich erklären, was echtes Glück ist, denn es kann nicht mit Worten übertragen werden. Kannst du jemandem, der sein ganzes Leben in einem dunklen Zimmer verbracht hat, erklären, was Licht ist?

Der große Yogi Paramahansa Yogananda hat das so beschrieben: »Wenn du auch nur einen winzigen Teil der göttlichen Liebe spüren könntest, so enorm, so überwältigend wäre deine Freude, du könntest sie nicht umfassen.«[8]

Eine Einladung, dich zu erinnern – der glücklichste Moment deines Lebens

Ich lade dich ein, für einen Moment nach innen zu gehen und dir folgende Frage zu stellen: »Was ist der glücklichste Moment oder die schönste Erfahrung, an den oder die ich mich erinnern kann?«

Ich habe diese Frage absichtlich in der Gegenwartsform gestellt, damit du diesen Moment noch einmal erleben kannst, als ob du ihn zum allerersten Mal erleben würdest. Sobald du dich wieder an diesen Augenblick erinnerst, erlaube dir mithilfe der nachfolgenden Fragen deine Erinnerung noch lebhafter werden zu lassen. Nimm dir so viel Zeit, wie du magst. Tauche tief in diesen Glücksmoment ein. Indem du diese Erinnerung in seiner ganzen Tiefe erforschst, machst du dir selbst ein Geschenk, da du mit deinem inneren Glücklichsein in Kontakt kommst.

- Wo bist du?
- Wie sieht die Umgebung aus?
- Wie ist die Atmosphäre?
- Was machst du?
- Was fühlst du?
- Was spürst du in deinem Körper?
- Wie fühlst du dich jetzt gerade, während du diese Erinnerung erneut in deiner Innenwelt erlebst?
- Wie würdest du die Gesamterfahrung dieses glücklichsten Augenblicks deines Lebens beschreiben, wenn du dich jetzt erinnerst?

Die ewige Suche nach Liebe und Glück

Die Suche nach Liebe und Glück ist die treibende Kraft im Leben eines jeden Menschen. Du suchst nach Glück in Beziehungen, du versuchst es durch Geld, Besitz, Status, Erfolg und unzählige Erfahrungen, die Befriedigung versprechen, zu erlangen. Gewisse Bestrebungen ziehen dich mehr an als andere, da sie für dich ein größeres zukünftiges Glückspotenzial zu enthalten scheinen. Unglücklicherweise endet unsere Suche oft in Enttäuschung und Frustration, da wir Vergnügen mit Glücklichsein verwechseln.

Gehen wir in dieser Erforschung noch einen Schritt weiter. Wo suchst du nach Liebe und Glück in deinem Leben? Die Art, wie du am liebsten deine Freizeit verbringst, gibt dir einen guten Hinweis darauf. Die meisten von uns erwarten, dass die größte Liebe und das wahre Glück von einer Liebesbeziehung kommen. Tief in dir spürst du einen instinktiven Drang, den Richtigen oder die Richtige zu finden und dann mit ihr oder ihm zu verschmelzen.

Hollywoodfilme, die Fernsehwerbung oder Liebesromane sagen uns, du musst nur den einen oder die eine finden, dann wird er oder sie dich dein ganzes Leben lang glücklich machen. Die Realität scheint dieser romantischen Vorstellung allerdings zu widersprechen, denn weitaus mehr Beziehungen enden in Enttäuschung und gebrochenen Herzen und nicht im Zustand, der da heißt: glücklich vereint bis ans Ende unserer Tage.

Was machst du, wenn deine Beziehung zur Belastung wird oder zu einem Ende kommt? Gehst du auf die Suche nach einem neuen Partner oder einer neuen Partnerin – nach jemandem, der besser und perfekt ist – und nicht wieder versagt und dich nicht noch ein weiteres Mal unglücklich machen wird? Wenn du weniger optimistisch oder sogar entmutigt bist, jemals den Richtigen oder die Richtige zu finden, dann wirst du schon zufrieden sein, wenn der oder die Neue nicht die gleichen Fehler hat wie dein vorhergehender Partner oder deine frühere Partnerin – zu viel von dem und zu wenig von diesem, gemäß deiner Mängelliste.

Vielleicht entscheidest du dich auch, die Suche ganz aufzugeben und dich nicht wieder auf eine romantische Liebesbeziehung einzulassen. Wenn du dieses Buch liest, hast du höchstwahrscheinlich nicht aufgegeben, denn sonst würdest du dich gar nicht erst bemühen, diese Zeilen zu lesen. Das heißt, du suchst immer noch nach dem Besten, was das Leben zu bieten hat. Vielleicht bist du sogar jemand, der auch ohne intime Partnerschaft ziemlich glücklich ist, obwohl du in deinem Herzen ein gewisses Sehnen danach spürst. Das ist unsere Natur: Wir können nicht eher mit der Suche aufhören, bis wir eine zuverlässige Quelle der Liebe gefunden haben. Aber wo suchst du danach?

Der tragische Aspekt der Suche nach Liebe und Glück

In Asien heißt es: »Wenn das Göttliche mit den Menschen Verstecken spielen möchte, dann wird es sich im Innern der Menschen verstecken, weil das der letzte Ort ist, an dem die Menschen jemals suchen werden.«

Der tragische Teil unserer Suche nach Liebe und Glück besteht darin, dass wir sie dort suchen, wo sie nicht sind und nie sein werden – draußen in der äußeren Welt. Glück kommt nicht von außen. Es kommt von innen, aus dem Zentrum deines Wesens. Was du wirklich suchst, ist dein innerstes SELBST – groß geschrieben. Dieses Selbst ist der Ursprung der Liebe und des Glücklichseins.

Hast du jemals dauerhaftes Glück in der Außenwelt gefunden? Konntest du daran festhalten? Kennst du jemanden, dem dies gelungen ist? Höchstwahrscheinlich nicht. Es ist eine menschliche Neigung, Liebe und Glück mit einem anderen Menschen oder etwas aus der äußeren Welt in Verbindung zu bringen. Aber zu versuchen, das Glück festzuhalten oder es in der Gestalt eines geliebten Menschen oder eines Lieblingsgegenstandes zu besitzen, kommt dem Versuch gleich, Wasser mit deinen Händen zu umschließen und darin zu bewahren. Es ist ein sinnloses Unterfangen, denn letztendlich wird dir das Wasser durch die Finger rinnen und verschwinden. Genauso verhält es sich mit äußerem Glück. Die Außenwelt kann es dir nicht geben; im besten Fall kann sie dich darin unterstützen, die Liebe und das Glück zu erfahren, die bereits in dir existieren.

Alles, was dir hilft, eine Verbindung zu deinem wahren Selbst aufzubauen und zu vertiefen, wird ebenfalls die Liebe und das Glück, die du aus dir selbst heraus erleben kannst, verstärken. Liebevolle Menschen, wertvolle Besitztümer, günstige Lebensumstände und vergnügliche Aktivitäten können dich dabei unterstützen, mit deinem inneren Selbst in Kontakt zu treten – und trotzdem sind sie nicht die Quelle deines Glücks.

Gewisse Menschen scheinen alles in ihrem Leben zu haben – eine interessante und gut bezahlte Arbeit, einen liebevollen und attraktiven Lebenspartner, einen gesunden und wohlgeformten Körper, ein komfortables Zuhause, eine harmonische Familie, loyale Freunde – und trotzdem sind sie unglücklich und fühlen sich vielleicht sogar elend. Wie ist so etwas möglich? Sie fühlen sich abgeschnitten von ihrem eigenen Selbst, dem Ursprung der Liebe und des Glücks. Niemand und nichts »da draußen« können dich jemals glücklich machen, wenn du dich von dir selbst getrennt fühlst. Jedes Mal, wenn du dich unglücklich oder elend fühlst, liegt das daran, dass du die bewusste Verbindung zu deinem innersten Zentrum verloren hast.

Im Vorwort des Buches *The Philosophy of Love* (Die Philosophie der Liebe) von Haridas Chauduri steht geschrieben: »Wer lässt uns im Stich? Mit Sicherheit nicht die Liebe. Wir müssen aufhören, diese fundamentale universale Lebensenergie daran zu hindern, in unser Leben zu fließen, indem wir in allen möglichen Richtungen nach ihr suchen, nur nicht dort, wo sie ist. Wir setzen unsere Prioritäten falsch, wenn wir eine Erfahrung nach wahrer Liebe blindlings auf der horizontalen Ebene suchen, in anderen, statt sie in uns hineinfließen zu lassen aus dem Kern des Lebens selbst.«[9] Anstatt weiter nach Liebe und Glück in der Außenwelt zu jagen, wollen wir beginnen, nach innen zu schauen, in unser eigenes Selbst.

Deine Innere Sonne – Quelle der Liebe und des Glücks

Die Quelle der Liebe und des Glücks existiert in dir als dein eigenes Selbst. Es ist das *göttliche Selbst,* in dem und aus dem heraus du, ich und wir alle leben sowie alles, was existiert. Der Amerikaner Lester Levenson, der Begründer der Sedona-Methode, formuliert das so: »Liebe ist das Selbst. Das Selbst liebt nicht. Das Selbst ist Liebe.«[10] Dein Selbst ist das Herz deines Wesens im innersten Kern dessen, was du wirklich bist. Ich nenne dieses göttliche Selbst in dir die *Innere Sonne.* Die Innere Sonne ist das Zentrum deines Lebens und deiner Existenz.

Alle essenziellen Qualitäten wie Liebe, Glück, Frieden, Harmonie, Vitalität, Gesundheit, Schönheit, Intelligenz, Weisheit, Humor oder Kreativität sowie alle anderen strahlen aus deiner Inneren Sonne hervor. Die essenziellen Qualitäten sind wie Sonnenstrahlen, die von deiner Inneren Sonne erzeugt und ausgesandt werden. Jeder Sonnenstrahl erleuchtet und wärmt alles, was er berührt, mit seiner einzigartigen Qualität.

Um eine Analogie zu gebrauchen: Deine Innere Sonne besteht aus weißem farblosem Licht, das alle Spektralfarben enthält und diese naturgemäß in sich vereinigt. Wenn das weiße Licht nun auf ein Prisma trifft, dann wird es in seine Spektralfarben aufgespalten und die gesamte Palette der Regenbogenfarben erscheint. Um auf unser Beispiel zurückzukommen: Jede Spektral- oder Regenbogenfarbe repräsentiert eine einzigartige essenzielle Qualität, hingegen steht die Innere Sonne für das weiße Licht, das alle essenziellen Qualitäten enthält.

Die alten Weisen und Yogis Indiens haben ein besonderes Wort, um das Selbst zu beschreiben: *Sat-chit-ananda.* Auf Deutsch übersetzt bedeuten *sat* »Existenz«, *chit* »Bewusstsein« und *ananda* »Glückseligkeit«.[11] Sat-chit-ananda beschreibt den Zustand, den Yogis in tiefster Meditation realisieren, wenn sie sich vollständig mit ihrem innersten Selbst vereinigen. Sat-chit-ananda ist, was du wirklich bist: eine Existenz-Bewusstseins-Glückseligkeits-Sonne.

Die Innere Sonne ist ewig und unzerstörbar. Diese Wahrheit kommt auf brillante Weise in der *Bhagavadgita* an der Stelle zum Ausdruck, wo der Krieger Arjuna von Krishna auf die bevorstehende Schlacht vorbereitet wird. Hier nun die Passage, in der Arjuna von Krishna über das »Selbst« unterwiesen wird, das er als »Er – der Anwesende« beschreibt: »So wie ein Mensch seine abgetragenen Kleider ablegt und sich neue überzieht, genauso legt der Anwesende [das Selbst] seine abgenutzten Körper ab, und eignet sich wieder neue Körper an. Er [das Selbst] ist unzerstörbar; er kann nicht gespalten, nicht verbrannt, nicht ertränkt und auch nicht ausgetrocknet werden. Er ist ewig, alles durchdringend, beständig, unveränderlich, und immer der gleiche.«[12]

Und C. G. Jung schreibt über das Selbst: »Das Selbst ist nicht nur das Zentrum, sondern auch der gesamte (Kreis-)Umfang, der sowohl das Bewusste, wie auch das Unbewusste umarmt; es ist das Zentrum dieser Gesamtheit.«[13] – »Das Selbst ist das Ziel unseres Lebens, denn es ist der ganzheitlichste Ausdruck dieser schicksalhaften Verbindung, die wir Individualität nennen.«[14]

Ich lade dich nun ein, gemeinsam mit mir den Schritt von der göttlichen Sphäre der Liebe auf die Ebene der menschlichen Erfahrung zu machen. Im nächsten Kapitel werde ich dir aufzeigen, was dich daran hindert, Liebe und Glück zu erleben, und dir ein menschliches Grundmodell der Psyche, eine Art innere Landkarte, vorstellen, die dein Verständnis dessen, das dich von der Erfahrung deiner Inneren Sonne abtrennt, erweitert.

KAPITEL 3

Der Ursprung des Unglücklichseins – dein innerer Krieg

Die Menschen sind im Krieg miteinander, weil der Einzelne im Krieg mit sich selbst ist.

Francis Meehan

Der größte Schmerz und das intensivste Leiden in deinem Leben werden durch den andauernden inneren Krieg verursacht, den du gegen dich selbst führst. Die immer wieder von Neuem aufbrechenden inneren Kämpfe können phasenweise sogar ununterbrochen weitergehen. Diese Selbstangriffe sind nicht nur äußerst verletzend, sie blockieren auch die Strahlen deiner Inneren Sonne, die Liebe und das Glücklichsein in deinem Kern. Aber dein innerer Krieg muss nicht ständig weitergehen, da er gänzlich selbst geschaffen ist, wie du in diesem Kapitel lesen wirst. Um die Ursachen und Umstände besser zu verstehen, die zu diesem inneren Kampf führen, werde ich dir ein einfaches Modell des Menschen vorstellen: das dreischichtige Selbst.

Dieses Schema soll dir helfen, dich besser kennenzulernen und ein klares Verständnis davon zu gewinnen, was mit den unerwünschten Aspekten von dir passiert, die du kritisierst, ablehnst und unterdrückst. Du wirst begreifen, wie die Schattenschicht, auch Schattenselbst genannt, in dir gebildet wird und wie sie dich von deinem göttlichen Selbst abschneidet. Zudem wirst du mehr über den Glücksmörder, den inneren Kritiker und das ideale Selbst erfahren.

Das dreischichtige Selbst

Das nebenstehende Diagramm stellt die drei grundlegenden Aspekte oder Schichten eines Menschen dar. Die äußerste Schicht wird als die Maske oder das soziale Selbst bezeichnet; es ist der bewusste Aspekt deiner Persönlichkeit. Die zweite oder mittlere Schicht steht für das Schattenselbst und repräsentiert den unbewussten Teil deiner Persona. Die primäre, innerste Schicht ist deine Innere Sonne – das Göttliche Selbst mit all seinen essenziellen Qualitäten.

Dieses Modell ist durch die Arbeit von Dr. Wilhelm Reich (1897–1957) inspiriert, den österreichischen Psychiater und Psychoanalytiker, der weithin als der Vater der körperzentrierten Psychotherapie betrachtet wird. Ich habe Reichs Konzept des dreischichtigen Selbst[15] leicht modifiziert und eine Synthese zwischen meinem Verständnis der menschlichen Natur und meinen Einsichten hergestellt, die ich in meiner Praxis mit Privatklienten seit 1996 gewonnen habe.

Es ist wichtig zu erwähnen, dass kein Modell oder Diagramm jemals vollständig mit deiner persönlichen Erfahrung übereinstimmen wird. Im besten Fall kann dir dieses Modell als Landkarte dienen, die dir aufzeigt, wo du gerade bist und wohin du gehst. Die Absicht, die ich mit dieser Darstellung verfolge, besteht darin, dir zu helfen, dich besser zu verstehen, indem ich dir eine Karte deiner inneren und äußeren Welt zur Verfügung stelle. Jede Schicht ist lebendig und hat eine gewisse Fluidität. Genauso wie du dich entwickelst, genauso verändern sich auch diese Schichten in dir.

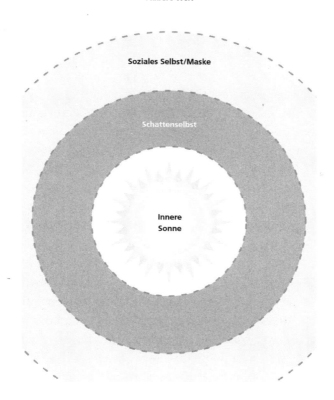

Geliebt werden oder nicht geliebt werden – eine Frage von Leben oder Tod

Du wirst völlig offen und verletzlich geboren, mit einer dünnen und äußerst empfindsamen Haut, die auf liebevolle Berührung angewiesen ist, sowie einem Körper, der völlig abhängig ist von äußerem Schutz und der Fürsorge anderer Menschen. Instinktiv weißt du, dass dein Überleben vollkommen von deinen Eltern abhängt und von ihrer Fähigkeit, dich zu ernähren und sich um all deine Bedürfnisse zu kümmern. Du bist vollständig verwundbar und setzt deshalb deine ganze Zuversicht auf deine Versorger – und zwar unabhängig davon, ob sie erkennen, wie verletzlich du bist oder nicht. Dann, eines Tages, bist du innerlich ausgesprochen aufgebracht, du beginnst zu schreien und mit deinen Beinen gegen deine Mutter zu treten, was sie dir sehr übel nimmt. Sie schaut dich mit einem zornigen Gesicht an, schimpft dich mit lauter Stimme aus, legt dich forsch zurück in dein Kinderbett und lässt dich allein im Zimmer zurück. Du kannst diese plötzliche Trennung nicht verstehen und fängst verzweifelt an zu weinen. Aber Mami kommt nicht zurück. Du fühlst dich komplett verlassen und bist vollkommen verängstigt.

Für ein Kleinkind ist es natürlich, sich selbst die Schuld für die elterliche Ablehnung oder Bestrafung zu geben und auf der Gefühlsebene zu dem Schluss zu kommen »Ich habe etwas Schlechtes gemacht« oder noch schlimmer, anzufangen zu glauben, dass es eine Art »innere Schlechtigkeit« in ihm gibt. Eine solche emotionale Schlussfolgerung könnte so lauten: »Mami kommt nicht zurück, weil ich etwas Schlechtes gemacht habe. Sie liebt mich nicht mehr, weil ich so schlecht bin. Und jetzt bestraft sie mich, weil ich so schlecht bin. Ohne ihre liebevolle Fürsorge werde ich sterben!«

Der Schmerz, von den Eltern abgelehnt, ignoriert oder nicht geliebt zu werden, ist für ein Kind unerträglich und zutiefst erschreckend. Es ist überzeugt, dass es, wenn es sich erlauben würde, diesen Schmerz in seiner ganzen Tiefe zu spüren, von ihm zerstört werden würde. Geliebt zu werden oder nicht geliebt zu werden heißt, zu sein oder nicht zu sein – zu leben oder zu sterben. Es ist eine Frage von Leben oder Tod. Als Resultat entscheidest du dich, dass du tun wirst, was immer nötig ist, um von deiner Mutter geliebt zu werden, denn das ist notwendig für dein Überleben. Du gibst dir selbst ein feierliches Versprechen:

»Von jetzt an werde ich nur noch gut sein. Ich werde alles, was schlecht in mir ist, zurückhalten und nicht mehr ausdrücken oder es sie nicht mehr sehen lassen. Ich werde tun, was Mami mag, damit sie mich wieder liebt und sich wieder um mich kümmert.« Diese Entscheidung führt zur Geburt deiner Maske.

Die Maske

Jede Familie, jede Gesellschaft und jede Kultur hat ihre eigenen Regeln, Gesetze und Normen, die korrektes Verhalten definieren. Die Maske ist der oberflächlichste Anteil deines sozialen Selbst und deiner bewussten Persönlichkeit. Es ist dieser Teil, der all diese sozialen Verhaltensmuster verkörpert und mit der Außenwelt in Beziehung tritt. Dieser Persönlichkeitsaspekt wird deshalb Maske oder falsches Selbst genannt, weil er nur jene Anteile zum Ausdruck bringt, die gesellschaftlich akzeptabel sind, und gleichzeitig alle übrigen kaschiert und versteckt.

Deine Maske weiß genau, wie du sein solltest und wie du dich verhalten musst, um von deiner Familie, deinen Freunden, Mitarbeitern oder mit wem du auch immer in Beziehung sein magst, akzeptiert zu werden. Sie hilft dir, dich einzufügen, dich wie ein normaler, gut angepasster Mensch zu verhalten und ein korrekter Bürger zu sein. Deine Maske bewahrt dich auch davor, deine negativen und gesellschaftlich anstößigen Gefühle und Gedanken auszuagieren. (Als Beispiel: Deine Maske verbirgt deine gereizte Stimmung oder hindert dich daran, deine Wut gegenüber anderen auszudrücken. Die Maske ist dafür zuständig, dass du dich kontrollierst und andere auf eine zivilisierte und respektvolle Art und Weise behandelst, auch wenn du eigentlich keine Lust dazu hast. Die Bildung der Maske ermöglicht es dir, die notwendigen sozialen Verhaltensmuster zu entwickeln.)

Von Kindheit an wurde dir von deinen Eltern, Familienmit-gliedern, Freunden, Nachbarn, Lehrern und Klassenkameraden beigebracht, wie du dich zu verhalten hast. Mit anderen Worten: Die wichtigen Menschen in deinem Leben haben dir gezeigt, wie du sein solltest.

Sie haben dich gelehrt, wie du dich aufführen musst, welche Art des Benehmens und des persönlichem Ausdrucks angebracht und erwünscht ist und welche nicht. An einem gewissen Punkt hast du erkannt, dass du nur dann liebenswert bist, wenn du dich so anstellst, wie deine Eltern es mögen und von dir erwar-ten. Das gute Kind in dir, das sich korrekt benimmt, wird gelobt und belohnt, das schlechte Kind, das sich nicht angepasst ver-hält, wird hingegen getadelt und bestraft. Auf diese Weise wirst du von deinen Eltern und deiner sozialen Umgebung konditio-niert, ein gutes Kind zu sein. »Gefalle und sei, wie andere dich mögen« wurde zu deinem inneren Gebot, auch wenn dir dies nicht bewusst ist.

Die Maske ist vor allem ein Schutzmechanismus deines so-zialen Selbst. Die Hauptabsicht deiner Maske besteht darin, dir ein Gefühl von Sicherheit zu geben. Sie beschützt dich vor inne-ren wie auch äußeren Bedrohungen. Äußerlich schützt dich die Maske vor verletzender Kritik, Ablehnung und Bestrafung, indem sie dir hilft, alles, was du als schlecht betrachtest, vor der Außen-welt zu verbergen – einschließlich deiner Feinfühligkeit, Verletz-lichkeit, Bedürftigkeit, Abhängigkeit, Unsicherheit, Ängste wie auch deiner reaktiven Aspekte, die angreifen, anklagen, ausagie-ren, wegrennen oder sich zurückziehen, wenn sie sich bedroht fühlen. Anstatt zu zeigen, was du innerlich wirklich fühlst, ver-birgst du die von dir als »unerwünscht« bewerteten Aspekte dei-ner Persönlichkeit hinter einer falschen Maske.

Innerlich gibt dir die Maske Sicherheit, indem sie inwendige

Konflikte, Schmerzen und Leiden überdeckt. Deine Persönlichkeit ist überzeugt, dass die Eindrücke deiner frühen Kindheitsverletzungen und die Erinnerung an sie die Macht haben, dich zu zerstören, wenn du sie zulassen würdest. Aus diesem Grund müssen alle unverarbeiteten Erinnerungen an Übergriffe, Gewalt, Ohnmacht, Zurückweisungen und Verluste sowie alle Unzulänglichkeiten und Ängste unterdrückt und vergessen werden. Es ist das Ziel der Maske, durch das Abwehren aller Erfahrungen aus der Innen- und Außenwelt, die Angst oder Stress auslösen, dein Überleben zu gewährleisten. Alles, was potenziell deine Existenz bedroht, ganz besonders, wenn du es in seiner vollen Intensität erleben könntest, muss ganz einfach vermieden werden.

Aber was geschieht mit all den überdeckten, unterdrückten und ungeliebten Aspekten in dir? Wohin gehen sie?

Verdrängung und Unterdrückung

Je mehr du verdrängst, desto depressiver fühlst du dich.

Jede Erfahrung und jede Facette deiner Persönlichkeit, die du unterdrückst oder verdrängst, geht in den Untergrund und lebt weiter im Geheimen, abgeschottet von deiner bewussten Wahrnehmung. Nichts, was du ablehnst oder verleugnest, wird jemals verschwinden. Deine Maske verdrängt lediglich alle schlechten Erfahrungen und Aspekte in dir, die dein inneres Gefühl der Sicherheit bedrohen. Werden sie unterdrückt, setzen sie ihre verborgene Existenz im Keller deines Unterbewusstseins fort.

Unerwünschte Erfahrungen loszuwerden, indem man sie verdrängt, ist eine weitverbreitete menschliche Vorgehensweise. Die Strategie der Unterdrückung gründet sich auf den Glauben, dass alles, was unangenehm, stress- oder angstauslösend ist, auf magische Weise einfach aus deiner Innen- oder Außenwelt verschwinden wird, indem du es verdrängst. Unglücklicherweise ist das nichts weiter als Wunschdenken. Wie du vielleicht aus eigener Lebenserfahrung weißt, gibt es nichts, vor dem du auf Dauer weglaufen oder das du für immer verdrängen kannst. Denn das, wovor du flüchtest, bleibt in dir, und was du unterdrückst, ist immer ein Teil von dir selbst.

Verdrängung ist ein andauernder und oft unnachgiebig geführter innerer Kampf, der eine Unmenge von Energie verbraucht. Das Unterdrücken der unerwünschten Persönlichkeitsanteile, um zu verhindern, dass diese an die Oberfläche kommen und dir bewusst werden, verbraucht einen Großteil deiner Lebensenergie.

Es ist ein Naturgesetz, dass dich das, was du bekämpfst, ebenfalls bekämpft, und dass das, was du nach unten drückst, wieder nach oben drückt. Um eine einfache Analogie zu gebrauchen: Stell dir vor, dass du jedes Mal, wenn du einen abgelehnten Aspekt von dir verdrängst, einen Tischtennisball unter Wasser drückst. Einen einzigen Tischtennisball unter der Wasseroberfläche zu halten, beansprucht nur einen kleinen Teil deiner Energie. Im Verlauf deines Lebens benötigst du aber immer mehr Energie, um all die angehäuften Bälle unter Wasser zu halten, unterhalb der Oberfläche deines Gewahrseins.

Jedes Jahr hast du weniger Energie zur Verfügung, um deine Ziele zu verfolgen, um du selbst zu sein, um dein Leben und das Zusammensein mit anderen zu genießen, weil sich der innere Druck und Konflikt durch das Unterdrücken und Verdrängen deines Schattenselbst immer mehr intensiviert. Deine Maske benötigt immer mehr Lebensenergie, um all die vielen Tischtennisbälle daran zu hindern, die Oberfläche zu durchbrechen und ihre Inhalte zu offenbaren.

Der amerikanische Psychotherapeut Nathaniel Branden drückt dies so aus: »Für uns ist es einfacher, Selbstakzeptanz zu praktizieren, wenn wir verstehen, dass es nicht die unerwünschten Gefühle sind, die unsere Gesundheit beeinträchtigen, sondern die Verleugnung und Ablehnung dieser Gefühle.«[16]

Das Schattenselbst – dein gefangenes Selbst

Schattenselbst ist ein bekannter Begriff, den ich in diesem Zusammenhang verwende, um alle Aspekte und Erfahrungen hervorzuheben, die du in dir ablehnst, verleugnest und unterdrückst. Susan Thesenga, die Autorin des Buches *The Undefended Self* (Das unverteidigte Selbst), bezeichnet diesen Teil der Psyche als »Lower Self« (das niedere Selbst). Sie schreibt: »Unterhalb der Maske ist das niedere Selbst oder die Quelle der Negativität, Destruktivität und des Abgetrenntseins in uns, welches der wahre Grund unseres Unglücks ist. Das niedere Selbst ist teilweise oder sogar vollständig unbewusst, weil es schwer fällt, uns einzugestehen, dass wir in unserer Natur eine negative und destruktive Seite haben. Als wir Kinder waren, wurde uns beigebracht, uns für unser niederes Selbst zu schämen, und wir hatten Angst, von unseren Eltern abgelehnt zu werden, wenn wir ehrlich zu unseren negativen Gefühlen stehen würden. Also haben wir es hinter einer Maske versteckt – und dies in der Hoffnung, sicherzustellen, dass wir geliebt werden.«[17]

Da das niedere Selbst größtenteils unbewusst ist, besteht der erste Schritt darin, sich seiner Existenz bewusst zu werden. Mach dir keine Sorgen, wenn du zu diesem Zeitpunkt nur sehr wenig über seine Inhalte weißt. Sobald du den Willkommens-Prozess anwendest, wird dir das Schattenselbst ganz natürlich und von selbst seine Inhalte offenbaren.

Was du unterdrückst, wird hässlich und verzerrt

Erfahrungen und Aspekte, die du unterdrückst, beginnen, eine unbewusste Schattenexistenz anzunehmen. All diese Schattenanteile bilden dein Schattenselbst, das all die abgelehnten und unbewussten Teile deiner Persönlichkeit enthält. In Perioden der Innenschau, in Träumen oder in der Meditation, wird deine Aufmerksamkeit auf diese Bereiche gelenkt, wodurch es dir möglich wird, Eindrücke von seinen Inhalten zu bekommen. Aber verdrängt – verborgen vor dem Scheinwerfer deiner bewussten Aufmerksamkeit – lebt dein verstoßenes Selbst mit all deinen unerwünschten Erfahrungen eine isolierte Existenz.

C. G. Jung, der den Begriff des Schattens geprägt hat, definiert diesen wie folgt: »Der Schatten personifiziert alles, was das Subjekt in sich weigert anzuerkennen und mit dem er es immer wieder direkt oder indirekt konfrontiert – zum Beispiel mit seinen unzulänglichen Charaktereigenschaften oder anderen unvereinbaren Tendenzen.«[18] In einem anderen Absatz schreibt Jung: »Der Schatten ist die versteckte, unterdrückte und größtenteils minderwertige und schuldbeladene Persönlichkeit.«[19]

Die Absicht des Lebens ist es zu fließen. Im Fluss des Lebens finden wir Erneuerung, Gesundheit und Harmonie. Wenn deine Lebenskraft im Fluss ist, strömt deine Vitalität, die von deiner Inneren Sonne ausstrahlt, frei durch deinen Bodymind (Körpergeist).[20] Je freier der innere Fluss, desto glücklicher und vollständiger fühlst du dich.

Deine instinktiven Impulse, Bedürfnisse, Wünsche, Emotionen, Bewegungen sowie alle anderen Ausdrucksformen, denen du mit Nichtbeachtung oder Ablehnung begegnest, sammeln sich in deinem Bodymind an und beginnen, in dir die Schattenschicht[21] zu bilden.

Alles, was du in dir unterdrückst, beginnt zu degenerieren und sich zu verzerren. Über einen längeren Zeitraum nehmen diese abgeschotteten Anteile nicht nur eine hässliche und negative Qualität an, sondern sie werden zunehmend destruktiv.

Vielleicht schreckst du gelegentlich aus einem Albtraum auf, in dem dich ein Monstrum oder eine dämonische Kreatur verfolgt und versucht, dich umzubringen. Das ist das Ergebnis von Verdrängung; es ist das, was passiert, wenn ein Instinkt, ein vitales Bedürfnis, eine intensive Emotion oder eine intuitive Botschaft von deinem bewussten Verstand unterdrückt wird. Stell dir vor, man hätte dich während Wochen, Monaten, Jahren oder sogar Jahrzehnten in einem dunklen Verlies eingesperrt. Obwohl du früher einmal ein normaler Mensch warst, wirst du zunehmend zu einer verwahrlosten, hässlichen und entstellten Kreatur werden, die sich äußerst sonderbar verhält.

Mit Feindseligkeit behandelt und im Innern eingesperrt wird das anfänglich Natürliche, Gesunde, Lebensbejahende und Positive allmählich pervertiert, krank, lebensfeindlich und negativ. Lebendigkeit verwandelt sich in Angst, Lust in Scham, Bedürfnis in Frustration, Aggression in Jähzorn, Traurigkeit in Verzweiflung, Ängstlichkeit in Panik, Verletzung in Gefühllosigkeit, Leidenschaft in Wahnsinn, Sehnsucht in Depression, Verlangen in Gewalt; Wünsche verwandeln sich in Zwänge, intensive Empfindungen in erdrückende Ohnmacht und so weiter. Diese ursprünglich unschuldigen, instinktiven und die Vitalität fördernden Manifestationen wurden durch die andauernde Repression verdreht und verunstaltet. Dein Schattenselbst besteht aus all diesen dunklen, ominösen Flecken. Die Gesamtheit deiner inneren Negativität ist letztendlich das Resultat deiner Abwehr gegen die Angst vor Schmerz und Vernichtung.

Anders als ein gewöhnlicher Gefangener kann deine Lebensenergie nicht sterben; sie überlebt – lebendig begraben im Unterbewusstsein deines Bodymind.

Sehr treffend hat diese Problematik der tibetische Mönch und Weisheitslehrer Tenzin Wangyal Rinpoche in seinem Buch *The Tibetan Yogas of Dream and Sleep* so beschrieben: »Wenn wir Emotionen unterdrücken, dann hinterlässt dies immer eine negative Spur. Ablehnung und Unterdrückung sind ein Ausdruck von Abneigung. Das geschieht, indem wir etwas in uns zusammenziehen, etwas hinter einer Tür einschließen, Teile von uns in die Dunkelheit zwängen, wo sie warten, scheinbar voller Feindseligkeit, bis der passende zweite Auslöser sie wieder von Neuem hervorruft.«[22]

Deine Innere Sonne

Wie ich im zweiten Kapitel erwähnt habe, ist deine Innere Sonne der Kern deines Wesens und der Ursprung der Liebe und des Glücks. Die Innere Sonne repräsentiert dein Göttliches Selbst, die Quelle deiner Lebensenergie, deiner Vitalität, deiner Talente, deiner Fähigkeiten und all deiner essenziellen Qualitäten wie Intelligenz, Kreativität, Mitgefühl, Freude, Schönheit, Harmonie, Geduld und Verspieltheit, um nur einige zu nennen. Jedes Mal, wenn ein Lichtstrahl deiner Inneren Sonne hervorscheint, wird dein Bodymind von einer essenziellen Qualität durchdrungen.

Symbolisch ausgedrückt erfüllen dich der grüne Lichtstrahl mit Frieden und der rote mit Mut und Leidenschaft. Potenziell verfügst du in deinem Inneren über alle essenziellen Qualitäten, allerdings sind einige für dich leichter zugänglich als andere. Du kannst das besonders gut bei Kindern beobachten. Ein Kind ist von Natur aus aufgeweckt, mutig, abenteuerlustig, kontaktfreudig und mit einem großen Bewegungsdrang ausgestattet. Ein anderes Kind ist eher introvertiert, intellektuell, fantasievoll, nachdenklich und künstlerisch veranlagt.

Jeder Mensch wird mit einer einzigartigen Anordnung von klar ausgeprägten essenziellen Qualitäten geboren. Deine essenziellen Qualitäten sind einzigartig und identifizieren dich genauso eindeutig wie deine Gesichtszüge, die Farbe und Struktur deiner Augen oder deine Handlinien. Oft sind wir uns unserer essenziellen Qualitäten gar nicht bewusst, denn wenn diese durch uns hindurchfließen, geschieht alles vollkommen mühelos und natürlich. In diesen Momenten bist du ganz einfach im Fluss und fühlst dich frei, glücklich und leicht.

Andere haben vielleicht ähnliche essenzielle Qualitäten, aber niemand hat genau dieselbe »Mixtur« wie du. Aus diesem Grund ist jeder Mensch einzigartig und unersetzlich. Was andere an dir lieben, und was du an anderen liebst, sind jene essenziellen Qualitäten, die von der jeweiligen Person verkörpert und ausgedrückt werden. Wenn du sagst »Ich liebe dein schönes Gesicht«, dann liebst du die essenzielle Qualität der Schönheit, die im Gesicht dieses Menschen zum Ausdruck kommt. Wenn es dir gefällt, wie sich jemand für eine gerechte Sache einsetzt, dann fühlst du dich von seinen essenziellen Qualitäten des Mutes, der Aufrichtigkeit, der Wahrheitsliebe und der Integrität angezogen. Die Beschreibung, die du verwendest, ist unwichtig, wesentlich ist das bewusste Erkennen der essenziellen Qualität, des einzigartigen Lichtstrahls der Inneren Sonne.

Kennst du deine essenziellen Qualitäten? Nun, es gibt eine sehr einfache Art, dies herauszufinden.

Eine Einladung, deine essenziellen Qualitäten zu erkennen

Gelegentlich frage ich meine Klienten: »Woher wissen Sie, welche Farbe Ihre Augen haben?« Zuerst sagen sie voller Verwunderung: »Was für eine sonderbare Frage.« Und dann, nach einiger Zeit, sagen sie: »Indem ich in einen Spiegel schaue« oder: »Weil es mir jemand gesagt hat.« Ja, das ist genau der Punkt. Du brauchst einen Spiegel, entweder einen realen physischen Spiegel oder einen in der Form einer anderen Person. Du wirst deine Augenfarbe oder das Aussehen deines Gesichtes nie erkennen, ohne dass jemand oder etwas sie dir gespiegelt hat.

Da niemand dich besser kennt als die Menschen, die dich lieben und mit denen du zusammenlebst, frage deine Partnerin, deinen Partner, deine beste Freundin, deinen besten Freund oder deine Familienmitglieder, was an dir sie am meisten lieben. Frage sie, was sie an dir am meisten berührt und was sie am meisten von dir vermissen würden, wenn du nicht mehr länger ein Teil ihres Lebens wärst. Ihre Antworten werden dir helfen, deine essenziellen Qualitäten zu erkennen.

Solltest du dich entscheiden, deine Freunde und Familienangehörigen zu fragen, ist es von größter Wichtigkeit, dies in einem ruhigen, friedlichen und entspannten Moment zu tun, wenn sich alle Beteiligten wohl fühlen. Nimm dir viel Zeit für diesen Austausch. Aus eigener Erfahrung weiß ich, dass diese essenzielle Spiegelung ausgesprochen berührend, tief greifend und transformierend sein kann, ganz besonders, wenn ihr die Rollen wechselt. Du wirst etwas über dich erfahren, das dir vorher nicht bewusst war. Gib dir die Freiheit, dich von dieser Erfahrung berühren zu lassen!

Dein Schattenselbst trennt dich von deiner Inneren Sonne

Wenn du dir das Diagramm des dreischichtigen Selbst auf Seite 39 anschaust, kannst du erkennen, dass dich dein Schattenselbst von deiner Inneren Sonne abtrennt. Die Schattenschicht schneidet dich von deinem innersten Göttlichen Selbst ab, von der Quelle der Liebe und des Glücks. Sie behindert ebenfalls den natürlichen Fluss, den spontanen Selbstausdruck und die Gesundheit erhaltende Selbstregulation[23] deines Bodymind. Das ist der Preis, den du für die Unterdrückung der unerwünschten Aspekte und Erfahrungen in dir zahlst. Die Verdrängung deiner sogenannten Negativität durch deine Maske gibt deiner bewussten Persönlichkeit ein scheinbares Gefühl der Sicherheit, aber gleichzeitig fühlst du dich von deinem inneren Zuhause und der Wurzel deiner Existenz abgeschnitten.

Je aktiver deine Maske ist, desto größer und kompakter wird die Schattenschicht zwischen deiner Persönlichkeit und deiner Inneren Sonne. Dieses schmerzvolle Dilemma wird durch den Abwehrmechanismus deiner Maske verursacht. Dein Schattenselbst wächst immer weiter und blockiert zunehmend die wärmenden Strahlen deiner Inneren Sonne. Man könnte dies mit der Atmosphäre über einer Industriestadt vergleichen, die so stark von Staubpartikeln verschmutzt ist, dass du die Sonne hinter der dunklen Wolkenschicht nicht mehr sehen kannst. Dieser Smog ist wie ein dicker, das Licht absorbierender Dunstschleier, der zu deinem inneren Horizont wird. Die gute Nachricht ist, dass die Sonne von dieser Wolkendecke unberührt bleibt, die schlechte ist, dass du unmittelbar davon betroffen bist, denn die Sonne steht symbolisch für deine Lebensenergie.

Die Innere Sonne ist im Grunde das, was du wirklich bist, aber du hast die Fähigkeit verloren, mit ihr direkt in Beziehung zu treten. Als Kleinkind war es für dich so einfach und natürlich, in den Armen deiner Mutter mit diesem inneren Zentrum der Glückseligkeit in dir eins zu werden, nachdem sie dich gestillt hatte und alle deine Bedürfnisse voll und ganz befriedigt waren.

Hin und wieder, ohne Vorankündigung, öffnet sich die dunkle Wolkendecke deines Schattenselbst, und es bildet sich ein Fenster, das den Strahlen deiner Inneren Sonne erlaubt, in deine bewusste Wahrnehmung vorzudringen und dich zu durchströmen. In diesen gnadenvollen Momenten fühlst du dich vollkommen glücklich und von Liebe und Dankbarkeit erfüllt – und dies ohne ersichtlichen Grund. Du kannst nicht erklären, warum oder wie dir diese Erfahrung zuteilwird. Sie ist ganz einfach ein Geschenk des Lebens und du fühlst dich in diesem Augenblick wie der glücklichste Mensch auf diesem Planeten. Tief aus deinem Inneren heraus fühlst dich vollständig erfüllt und gebadet im Licht deiner Inneren Sonne.

Bewusst begegnete mir mein Schattenselbst zum ersten Mal im Tempeltraum in der Gestalt von Schattenflecken. Im Traum waren es diese Schattenflecken, die mich daran hinderten, gänzlich mit dem Liebeslicht, der Inneren Sonne, zu verschmelzen.

Gehen wir nun gemeinsam einen Schritt weiter, um herauszufinden, was in deinem Leben das größte Leiden verursacht und worin die Wurzel deines Unglücklichseins liegt.

Der innere Kritiker

Hal und Sidra Stone beschreiben die Entstehung des inneren Kritikers in ihrem Buch *Embracing Your Inner Critic* folgendermaßen: »Um uns vor dem Schmerz und der Scham zu schützen, immer wieder von Neuem entlarvt zu werden, dass wir minderwertiger sind, als wir sein sollten, beginnt sich in uns eine Stimme zu bilden, die die Ansprüche unserer Eltern, unserer Kirche oder anderer Leute, die uns wichtig sind, nachspricht. Wir formen im wahrsten Sinne des Wortes ein ›Selbst‹, eine abgetrennte Teilpersönlichkeit, die uns kritisiert, bevor unsere Eltern – oder irgendjemand anderes – Gelegenheit dazu haben.«[24]

Sind dir einige der folgenden Aussagen vertraut? Das ist die Stimme des inneren Kritikers, der sagt:»Du bist dumm. Egal, was du machst, du wirst nie erfolgreich sein. Du verdienst es nicht besser. Du bist selbstsüchtig. Du bist hässlich. Du bist zu dick. Du solltest dich schämen. Niemand wird dich jemals lieben. Du hast kein Talent. Das ist nichts für dich. Wer glaubst du denn, wer du bist? Du bist so ein Feigling. Du bist unfähig. Du bist faul. Du hättest dich besser ausbilden sollen – aber jetzt ist es zu spät. Du bist zu alt dafür. Niemand will dich. Du brauchst dich gar nicht erst anzustrengen, du wirst sowieso scheitern. Ein anderer ist viel besser als du. Du bist der geborene Versager.«

Wie erkennst du den inneren Kritiker?

Die einfachste Art, den inneren Kritiker in dir zu erkennen, besteht darin, die Stimme in dir zu beobachten, die dich kritisiert und verurteilt. Die Stimme des inneren Kritikers tadelt, wertet ab, beschämt und verurteilt dich – genauso wie in den obigen Aussagen. Er liebt es, absolute Feststellungen und Urteile zu treffen wie zum Beispiel:»Du wirst nie Erfolg haben. Du wirst immer pleite sein.« Jede Form negativer Selbstgespräche, die dein Selbstwertgefühl oder dein Selbstvertrauen untergraben, ist Ausdruck deines inneren Kritikers.

Du kannst dich so sehr an diese kritische und verurteilende Stimme im Hintergrund deines Kopfes gewöhnen, dass du dir oft gar nicht bewusst bist, wenn sie zu dir spricht. Wann immer du dich depressiv, entmutigt oder elend fühlst, kannst du davon ausgehen, dass der innere Kritiker seine Hand im Spiel hat und dich mit seinen vernichtenden Selbstgesprächen bewertet und verurteilt.

Werde zum »Supermann« oder zur »Superfrau«

Da deine Persönlichkeit davon überzeugt ist, dass das Glück dort draußen liegt – in anderen Menschen, Gegenständen und Besitztümern –, sucht sie nach immer effektiveren Strategien, um das zu bekommen, wonach du dich in der Außenwelt sehnst. Aus diesem Grund erschafft deine Persönlichkeit den inneren Kritiker. Der innere Kritiker ist ein machtvoller Verbündeter deiner Maske, der gewissenhaft ihre Arbeit ergänzt und unterstützt.

Die Zielsetzung des inneren Kritikers besteht darin, dich in eine Superfrau oder einen Supermann zu verwandeln, indem er das idealisierte Selbst in dir verstärkt. Diese Absicht entstammt der Grundannahme, dass alle, einschließlich dir selbst, glücklich sein werden, wenn du es schaffst, zu einer ausschließlich idealen Version deiner selbst zu werden. Die Maske in dir ist überzeugt, dass dich ein ideales Du dazu befähigen wird, dir all die Sicherheit, Liebe und Befriedigung zu verschaffen, nach der du verlangst.

Das ideale Selbst

Es ist die Absicht des inneren Kritikers, aus dir ein Idealselbst – die bestmögliche Version von dir – zu machen, um die Menschen, die dir wichtig sind, zu beeindrucken und um auf sie anziehend zu wirken. Gemäß den Neigungen und Vorlieben deiner Persönlichkeit schaffst du dir ein Idealselbst, welches entweder auf Liebe oder Macht ausgerichtet ist.

Wenn du an der Vermehrung von Macht und Status interessiert bist, dann stellst du dir dein Idealselbst als überlegen, einflussreich, bestimmend, kompetent, reserviert und erfolgreich vor. Mit deinem Idealselbst willst du Bewunderung und Staunen in anderen auslösen, um dir dadurch vom Leben nehmen zu können, was du willst. Jede Art von Schwäche, Unsicherheit, Emotionalität oder Abhängigkeit würde dieser machtvollen Selbstdarstellung widersprechen und sie letztendlich untergraben. Deshalb müssen solche Ausdrucksformen verbannt werden.

Wenn deine Persönlichkeit aber ein größeres Interesse daran hat, geliebt zu werden, dann wirst du dir ein Idealselbst mit anderen Eigenschaften kreieren. Deine Strategie könnte demzufolge so aussehen, dass du dich verständnisvoll, einfühlsam, geduldig, rücksichtsvoll, sanft, mitfühlend, zuvorkommend, anpassungsfähig, gelassen und liebevoll zeigst oder dir irgendeine Kombination davon aussuchst. Da das Ziel deines Idealselbst darin besteht, geliebt zu werden, wird es tun, was immer notwendig ist, um in anderen Menschen eine liebevolle und zuvorkommende Haltung dir gegenüber hervorzurufen. Gleichzeitig muss jedes Verhalten, das Missfallen, Angst oder Ablehnung in deinem Gegenüber auslösen könnte, vermieden werden, weil dies der Absicht, Liebe zu bekommen, schaden würde.

Selbstverständlich gibt es unzählige Variationen dieser zwei Grundthemen. Der liebeshungrige Typus hat vielleicht ein Idealselbst, das sexy, draufgängerisch, streberisch oder irre komisch ist. Der machthungrige Typus gibt sich vielleicht lieber den Anschein von Klasse, Härte, Arroganz oder Verruchtheit, zum Beispiel als Macho oder Femme fatale. Manchmal existiert auch mehr als nur eine Idealselbst-Variation in einer einzigen Person.

Nichts ist jemals gut genug

Die Maske benutzt den inneren Kritiker, um alles aus dem Weg zu räumen, was dem Idealselbst im Weg sein könnte. Das zumindest ist die Zielsetzung, auch wenn diese nie erreichbar ist. Das Idealselbst ist die anzustrebende Norm oder der Maßstab, an dem jedes Verhalten gemessen und beurteilt wird. Wenn dein Verhalten nicht der geforderten Norm entspricht, dann schlägt dein innerer Kritiker los. Jede Handlung, jeder Charakterzug, jeder Gefühlsausdruck, der nicht in Übereinstimmung mit dem idealen Selbstbild ist, wird umgehend bestraft. Es ist die Aufgabe des inneren Kritikers, das Gesetz des Idealselbst aufrechtzuerhalten und, wenn notwendig, zu kritisieren, zu verurteilen, zu bestrafen oder sogar zu vernichten.

Dein innerer Kritiker ist auf Perfektion abgerichtet; er will aus dir die Idealfrau oder den Idealmann machen. Wenn du in einer Prominentenkultur lebst, träumt er vielleicht sogar davon, dich in einen Superstar zu verwandeln. Getrieben von diesem Anspruch wird er nie mit deiner Leistung zufrieden sein. Wenn du etwas erledigt hast, hättest du es noch besser machen können. Wenn du es daraufhin noch besser machst, dann machst du es trotzdem immer noch nicht perfekt. Irgendetwas muss immer verbessert und perfektioniert werden und deshalb wirst du andauernd bewertet und beurteilt. Fazit: Für den inneren Kritiker bist du nie gut genug.

Eine Einladung, deinen inneren Kritiker und dein Idealselbst kennenzulernen

Ich lade dich ein, dir einen Moment Zeit zu nehmen und über deinen inneren Kritiker und dein Idealselbst nachzudenken.

Ruf dir eine Lebenssituation in Erinnerung, in der du das

Gefühl hattest, dass dein Selbstwertgefühl und dein Selbstvertrauen dabei waren, sich aufzulösen. Kannst du dich erinnern, was geschah, kurz bevor du dich so gefühlt hast?

1. Woraus bestand der Inhalt deines inneren Selbstgesprächs zu diesem Zeitpunkt?
2. Was sagte dir dein innerer Kritiker? Welche seiner Aussagen haben dich am meisten verletzt?
3. Welche Art von Idealselbst solltest du darstellen?
4. Was sind die genauen Kriterien, die dein Idealselbst erfüllen muss?
   Wie solltest du sein und was solltest du um jeden Preis vermeiden?
   Was an dir ist unzulässig und inakzeptabel und muss somit angegriffen, kritisiert und verurteilt werden?

Die gute Absicht des inneren Kritikers

Es ist hilfreich, dich an die grundsätzlich gute Intention deines inneren Kritikers zu erinnern. Gemäß seiner Grundstruktur versucht er lediglich, dir Sicherheit zu geben und zu gewährleisten, dass du all die Liebe, Kontrolle und Befriedigung bekommst, nach der es dich verlangt. Denke daran: Dein inneres Kind hat die Maske geschaffen, um sich vor dem unerträglichen Schmerz der Zurückweisung und des Verlassenwerdens zu schützen. Hinter dem inneren Kritiker – der Superwaffe deiner Maske – verbirgt sich dein verängstigtes inneres Kind, das sich noch immer nach Sicherheit und liebevoller Zuwendung sehnt.

Der innere Kritiker und das Idealselbst sind eine Kombination all jener autoritären Stimmen, die du im Verlauf deines Lebens angesammelt und verinnerlicht hast. Jedes Mal, wenn du deinem idealen Selbstbild nicht gerecht wirst, rastet dein innerer Kritiker aus und startet einen gnadenlosen Angriff auf dich, der sich als Selbstkritik, Selbstverurteilung und Selbstbestrafung äußert.

Ein unerreichbares Ziel

Als Erwachsener beginnst du zu glauben, du wärst deine Maske und dass du es eines Tages – wenn du nur hart genug daran arbeitest – schaffen und endlich zu deinem Idealselbst werden wirst. Nüchtern betrachtet sieht die Realität aber so aus: Es wird dir nie vollständig gelingen, zu deinem Idealselbst zu werden. Dein Idealselbst ist ein Fantasieprodukt deiner Persönlichkeit, das nur wenig Ähnlichkeit mit deinem wahren Selbst hat. Du strebst nach einem Selbstbild, das du gern sein möchtest, aber das du trotz aller Anstrengungen nie verwirklichen kannst, da es nicht real ist. In Wirklichkeit jagst du einer Fata Morgana, einer Luftspiegelung in der Wüste, hinterher, die dir vorgaukelt, dass du in der Ferne des Horizonts Wasser finden wirst.

Die einzige Möglichkeit, diese Illusion deines idealen Selbstbildes aufrechtzuerhalten, besteht darin, alles, was du sagst, denkst oder tust und was diesem Ideal nicht entspricht, anzugreifen, zu verleugnen und zu unterdrücken. Darin liegt der Ursprung deines inneren Krieges. Du führst diesen Krieg gegen alles in dir, was nicht in Übereinstimmung mit den Ideen des inneren Kritikers über dein Idealselbst steht.

Wie ich bereits erwähnt habe, leben diese angegriffenen, kritisierten, abgelehnten und letztendlich unterdrückten Aspekte in deinem Bodymind weiter, in der Schattenschicht, wo sie die Strahlen deiner Inneren Sonne blockieren. Unfähig, die essenzielle Wärme und Fülle deines inneren Kerns wahrzunehmen, fühlst du dich heimatlos. Mit jedem weiteren Angriff deines inneren Kritikers auf dich wächst deine Schattenschicht und hält immer mehr vom Licht deiner Inneren Sonne, der Quelle der Liebe und der Glückseligkeit, zurück.

Das Abgeschnittensein von deiner Inneren Sonne löst Ängste und ein Gefühl der Isolation aus. Je abgetrennter du dich von deinem wahren Selbst fühlst, desto abhängiger wirst du von den Dingen der äußeren Welt, von Geld, Besitztümern, Gegenständen, Status und Menschen, die dir ein Gefühl von Sicherheit und Befriedigung geben sollen. Du suchst im Außen, außerhalb von dir, nach Trost und Behaglichkeit in der Hoffnung, dein Leiden, das durch die Trennung von deinen essenziellen Qualitäten hervorgerufen wurde, zu lindern. Unsicher und von Angst getrieben ersetzt du Zuversicht immer mehr durch Besorgnis, Vertrauen durch Kontrolle, Lebendigkeit durch Anpassung, Spontaneität durch Verhalten, Offenheit durch Voreingenommenheit, Kreativität durch Konsum und Liebesfähigkeit durch Dominanz oder Unterwürfigkeit.

Das ist die menschliche Tragik: Die Maske und das Idealselbst – angetrieben vom inneren Kritiker, der dich vor allem als Kind vor Schmerz und Leid hätte bewahren sollen – sind jetzt zur eigentlichen Quelle deines Unglücks geworden. Das gesamte Konzept von Sichersein und der Vermeidung von Schmerz und Leid, indem du zu deinem Idealselbst wirst, ist ein großer Irrtum. Dein innerer Kritiker führt einen inneren Kampf, einen heiligen Krieg im Namen deines Idealselbst. Aber er kann diesen Krieg nie gewinnen und auch nie zu dieser unwirklichen Variante von dir werden. Auf Dauer kann diese verheerende Selbsttäuschung nur zu noch mehr Schmerz und Leiden in deinem Leben führen.

Schmerz und Leid gehören zur menschlichen Erfahrung

Schon von Kindheit an versuchen wir Schmerz zu vermeiden und ihn aus unserem Leben zu verbannen, obwohl Schmerz und Leid das Wachstum fördernde Elemente unserer menschlichen Entwicklung sind. Natürlich ist es sinnvoll, unnötige Schmerzen zu vermeiden und sich gegen mögliche Unfälle oder drohende Gefahren zu schützen, aber niemand kann Kummer und Leid vollständig eliminieren. Im Prozess des Lebens erleidest du Verletzungen.

Die Tatsache, dass du einen physischen Körper hast, macht dich für verschiedenste Arten von Erkrankungen vom Moment der Geburt bis zum Tod anfällig. Im Verlauf deines Leben erleidest du Schmerz und Leid: deine ersten Zähne, die dein Zahnfleisch durchbohren, das Anstoßen des Kopfes und das Aufschlagen der Knie bei deinen ersten Gehversuchen oder das Durchleiden verschiedenster Kinderkrankheiten, ganz zu schweigen von all den kleinen Beschwerden wie Kopf-, Rücken- oder Muskelschmerzen, Magenverstimmungen, Erkältungen, Grippeanfällen und vieles mehr. Zusätzlich bist du mit unzähligen nicht körperlichen Leiden konfrontiert: dem Tod eines geliebten Menschen, dem Abschiedsschmerz von deiner ersten großen Liebe, Ablehnung und Beschämung durch Klassenkameraden oder all den innerlich zermürbenden Sorgen und existenziellen Ängsten.

Nichts verletzt und schmerzt mehr, als wenn du dich selbst attackierst

Von einem anderen Menschen verletzt zu werden, ist eine der größten Ängste in deinem Leben. Du hast Angst davor, nicht willkommen oder unerwünscht zu sein. Du meidest Situationen, in denen dich jemand angreifen, kritisieren, ablehnen oder verurteilen könnte.

Aber, was du wahrscheinlich nicht realisierst, ist der Umstand, dass der größte Schmerz, den du im Verlauf deines Lebens aushalten musst, nicht von einer anderen Person oder einschneidenden Lebensumständen verursacht wird. Die tiefste Verletzung in deinem Leben wird von dir selbst herbeigeführt. Nichts wird dir jemals mehr wehtun und größeres Leiden verursachen als die Art und Weise, in der du dich selbst angreifst, kritisierst, ablehnst, verurteilst, verdammst, bestrafst und letztendlich im Stich lässt.

Jedes Mal, wenn du dich verletzt, ängstlich oder ohnmächtig fühlst, brauchst du nichts dringender als Geborgenheit, Fürsorge und Liebe. Aber normalerweise gibst du dir diese nicht, sondern tust genau das Gegenteil: Du greifst dich selbst an. Du kritisierst und verurteilst dich. Du wertest dich ab, du beschämst dich und klagst dich dafür an, dass du bist, wer du bist, und dass du überhaupt in diese schmerzvolle Situation gekommen bist. Dann gehst du weg und lässt diesen verurteilten, abgelehnten, verachteten und im Grunde genommen ungeliebten Aspekt von dir allein zurück. Und was zuletzt übrig bleibt, versteckst du in den Tiefen deines unterbewussten Bodymind: den unterdrückten Schmerz in Gestalt eines weiteren ungeliebten Schattenfleckens.

Alles in dir, was du attackierst, ablehnst und unterdrückst, beginnt zu leiden und wird zu einem Schattenflecken in deinem Bodymind, der die Lichtstrahlen deiner Inneren Sonne zurückhält.

Der »Glücksmörder« – dein innerer Kritiker

Der innere Kritiker ist der Mörder deines Lebensglücks. Jedes Mal, wenn der innere Kritiker die unerwünschten Aspekte und Erfahrungen in dir attackiert, kritisiert und verurteilt, verletzt du dich selbst. Die negativen Selbstgespräche deines inneren Kritikers lösen akute Schmerzen in dir aus. Neben den akuten erzeugen sie in dir aber auch chronische Schmerzen. Chronische Leiden sind das direkte Ergebnis der Unterdrückung all dieser kleinen Selbstverletzungen, die sich in dir angesammelt haben. Im Lauf der Jahre bezahlst du einen hohen Preis für diesen inneren Krieg.

Er untergräbt dein Selbstwertgefühl und zerstört dein Selbstvertrauen. Zudem hat er nachteilige Auswirkungen auf deinen Bodymind, indem er Unmengen an Lebensenergie verzehrt, um die Angriffe auf dich selbst und die Verdrängung der abgelehnten Anteile von dir aufrechtzuerhalten. Dieser inwendige Stress, der von deinem inneren Kritiker und seinen idealen Selbstansprüchen verursacht wird, die dir vorschreiben, wie du sein solltest und nicht sein solltest, schafft eine Vielzahl von psychosomatischen Symptomen.

Chronische Verspannungen, oberflächliche Atmung, Müdigkeit, Überempfindlichkeit, Gereiztheit, Schlafstörungen, Kontakt- und Intimitätsvermeidung, Zerstreutheit und Suchtverhalten, kleinere oder größere Schmerzen und Unpässlichkeiten bis hin zu schweren Krankheiten können die Folge sein. Die Selbstangriffe des inneren Kritikers, die im Namen der Etablierung deines Idealselbst ausgeführt werden, haben das Potenzial, deine innere Welt in einen Ort der Finsternis zu verwandeln. Das ist das Werk des inneren Kritikers, des falschen Erlösers in dir, der in Wirklichkeit der Mörder deines Glücks ist.

Eva Pierrakos drückt diesen Sachverhalt sehr treffend in dem folgenden Abschnitt aus dem Vortrag *Das idealisierte Selbstbild* aus: »Da die Normen und Vorgaben des Idealselbst unmöglich zu erfüllen sind, und trotz allem die Anstrengung nie aufgegeben wird, errichtest und unterhältst du in dir eine Tyrannei der schlimmsten Sorte. Aber da du nicht realisierst, dass der Anspruch, so perfekt wie dein Idealselbst zu sein, eine Unmöglichkeit ist, hörst du nie damit auf, dich zu geißeln, zu züchtigen und dich jedes Mal wie ein vollkommener Versager zu fühlen, wenn dir erneut aufgezeigt wird, dass du es nicht geschafft hast. Das Gefühl der erbärmlichen Wertlosigkeit kommt jedes Mal über dich, wenn du daran scheiterst, diese großartigen Ansprüche zu erfüllen, und du von diesem Elend verschlungen wirst.«[25]

Je größer die Bedrohung, desto größer das Bedürfnis nach Sicherheit

Je lauter, je autoritärer und je anspruchsvoller die Stimme deines inneren Kritikers, desto bedrohlicher und erschreckender scheint die innere oder äußere Situation zu sein. Je härter der Selbstangriff, desto größer ist das Bedürfnis deines inneren Kindes nach Sicherheit.

Ein umfassendes Verständnis der Beziehung zwischen dem inneren Kritiker und dem inneren Kind befähigt dich, mit dir verständnisvoller und mitfühlender umzugehen, besonders dann, wenn die negativen Selbstgespräche des inneren Kritikers in deinem Kopf ablaufen. Je häufiger du dich daran erinnerst, dass der innere Kritiker die verinnerlichte Stimme deiner Eltern ist, die eigentlich versucht, dein inneres Kind vor äußerer Ablehnung zu beschützen, desto leichter wird es dir fallen, die Spur zu wechseln und mit dir auf eine gütigere und herzlichere Art in Beziehung zu treten, sobald du die Selbstangriffe bemerkst. In einem solchen Moment könntest du zu dir selbst sagen: »Oh, mein inneres Kind hat Angst. Es braucht Schutz und Sicherheit.«

Ab und zu wirst du sogar fähig sein, dir selbst zuzulachen, wenn die tyrannische Stimme deines inneren Kritikers in dir ertönt. Mir persönlich hilft es, mir bewusst zu machen: »Oh, mein inneres Kind fühlt sich bedroht.« Als zweiten Schritt frage ich mich dann: »Was könnte meinem Kind jetzt, in dieser Situation, mehr Sicherheit geben?« Diese zwei einfachen Schritte nehmen üblicherweise meinem inneren Kritiker sofort den Wind aus den Segeln und lassen ihn umgehend verstummen.

Hier nun die Quintessenz des eben Gesagten: Immer wenn dein innerer Kritiker dich angreift, fühlt sich ein Teil von dir bedroht und hat ein Bedürfnis nach Schutz und Sicherheit. Du kannst diesen Aspekt von dir inneres Kind, kleine Jasmin, kleiner Thomas oder inneres Tier nennen – was immer dir am meisten entspricht. All diese Ausdrücke, wie innerer Kritiker oder inneres Kind, sind nur Begriffe, um Anteile von dir oder Prozesse in deinem Bodymind zu benennen. Du kannst meine Begriffe verwenden oder solche, die dir mehr entsprechen. Das Einzige, was zählt, ist, dass du Worte oder Namen auswählst, die Mitgefühl für den bedrohten und verängstigten Anteil in dir aktivieren und den liebevollen Elternteil in dir hervorrufen.

Es ist deine Aufgabe, dein inneres Kind zu lieben

Das frustrierte, verängstigte, verletzte und leidende Kind in dir ist darauf angewiesen, von dir bewusst wahrgenommen, unterstützt, versorgt und geliebt zu werden. Als Erwachsene haben wir die Tendenz, diese ängstlichen und bedürftigen Aspekte in uns entweder zu ignorieren und zu unterdrücken oder sie an jemand anderen zu delegieren, der sich um sie kümmern soll, zum Beispiel an unsere Geliebte, unseren Geliebten, unsere Lebenspartnerin, unseren Lebenspartner, unsere Freundin oder unseren Freund, an einen Arzt, Psychiater, Therapeuten oder Heiler – oder wer sich auch immer gerade anbietet.

Aber in Wahrheit kann sich niemand außer dir wirklich um dein inneres Kind mit all seinen Bedürfnissen und all seinen vernachlässigten und unreifen Anteilen kümmern. Das ist deine Aufgabe! Dein inneres Kind gehört zu dir, und es liegt in deiner Verantwortung, auf dein inneres Kind aufzupassen und ihm Fürsorge und Liebe angedeihen zu lassen. Deine Eltern haben das Beste getan, zu dem sie fähig waren. Ob du das als gut genug oder nicht erachtest, spielt dabei keine Rolle. Wenn du die Absicht hast, als bewusster, reifer, integrierter und liebevoller Mensch zu leben, dann ist es deine Aufgabe, dich selbst zu beeltern, dein inneres Kind zu bemuttern und zu bevatern, es zu lieben!

Dich selbst zu lieben ist die Lösung

Die gute Nachricht ist: Du kannst lernen, dich selbst zu lieben! Ich weiß das aus eigener Erfahrung, da ich mich besonders in meiner frühen Kindheit und als Jugendlicher wirklich hasste und oft unter intensiven Selbsthassattacken litt. Ich verachtete meinen Körper und konnte weder mein Aussehen noch meine Emotionalität ausstehen. Ich fühlte mich oft ohne irgendwelche äußeren Gründe elend und depressiv. Mir kam es vor, als ob die meiste Zeit eine schwarze Wolke über meinem Kopf schweben würde. Egal, was ich auch tat, die Wolke wollte sich einfach nicht auflösen.

Damals war ich überzeugt, dass mein Leiden auf einen Schlag beendet wäre, wenn ich nur fähig sein würde, meine Emotionen zu zerstören. Im Geheimen wünschte ich mir, dass ich mit einem

Messer meinen Emotionalkörper erstechen, ihn anschließend aus meinem Energiefeld herausschneiden und ihn zum Schluss irgendwo im Garten vergraben könnte.

Nun, viele Jahre später, durch eigene Nachforschungen und durch die Ausbildung in körperzentrierter Psychotherapie, Somatotherapie, energetischer Heilarbeit und Yoga, entdeckte ich schließlich, dass sich jede dunkle Wolke nach und nach in blauen Himmel auflöst – und zwar unabhängig davon, wie groß und dicht geladen ihr emotionaler Inhalt auch sein mag. Das ist der Schlüssel: Ich muss mich entscheiden, mit der schwarzen Wolke – oder was auch immer der Inhalt meiner Erfahrung ist – auf bewusste und liebevolle Art in Beziehung zu treten.

Selbstliebe befreit dich von dem Schmerz und dem Leid, die der innere Kritiker in dir ausgelöst hat, und erweckt den inneren Liebenden, der die Grundlage dafür ist, dich selbst und andere zu lieben.

Wenn du bereit bist, die Einzelschritte der Kunst der Selbstliebe zu lernen, dann lass uns gemeinsam zum zweiten Teil dieses Buches gehen.

ZWEITER TEIL

Selbstliebe beginnt mit dir

KAPITEL 4

»Erwachen« – Selbstliebe beginnt mit bewusster Selbstwahrnehmung

Achtsamkeit ist aufrichtige Innenschau, die uns hilft,
die Dinge so zu sehen, wie sie wirklich sind.[26]

Tara Bennet-Goleman

Über dem Eingang des Apollontempels, der Residenz des Orakels von Delphi im antiken Griechenland, waren die folgenden Worte in goldenen Buchstaben eingraviert: *Gnothi Seauton*. Ins Deutsche übersetzt: *Erkenne dich selbst* – eine klare Anweisung, die, wie du noch herausfinden wirst, auch der Kunst der Selbstliebe zugrunde liegt.

Der erste Schritt beim Aufbau einer bewussten und liebevollen Beziehung zu dir selbst besteht darin, bewusst zu werden. Bewusste Selbstwahrnehmung oder Selbstbeobachtung ist die Basis der Selbsterforschung und der Selbstentdeckung, welche automatisch zu einem größeren Verständnis von dir selbst führt. Was du beobachtest und erforschst, beginnst du zu verstehen, da es dir seine tiefere Natur enthüllt. Demzufolge ist Selbstbeobachtung die Grundlage, auf der du ein klares Verständnis von dir und dem, der du wirklich bist, gewinnst. Und während sich deine Essenz durch bewusste Selbstwahrnehmung immer mehr offenbart, erfüllst du auch noch die Aufforderung »Erkenne dich selbst«.

Dabei gehst du ähnlich vor wie bei der Erforschung einer fremden Kultur, über die du mehr erfahren möchtest. Bei deiner Ankunft in einem unbekannten Land stellst du als Erstes Nachforschungen an, indem du die Menschen beobachtest, ihre Verhaltensweisen studierst und ihre Sprache lernst. Du musst in ihre Lebensart eintauchen, um sie kennenzulernen. Irgendwann wirst du anfangen zu verstehen, was die Leute sagen, warum sie tun, was sie tun, was sie wertschätzen, was sie anstreben und was sie in ihrem Leben als wichtig erachten. Was dir am Anfang fremd und eigenartig vorkam, wird dir nun langsam vertraut.

Genau dieselbe Grundregel gilt auch bei der Erforschung deiner Innenwelt. Wenn du dich selbst kennenlernen und verstehen willst, musst du damit beginnen, dich selbst zu beobachten. Selbstbeobachtung ist aber nicht zu verwechseln mit der ständigen und nervösen Selbstbeschäftigung, die letztendlich ein Ausdruck von Unsicherheit und mangelndem Selbstvertrauen ist. Einen bewussten und wachen Menschen erkennt man an seiner Offenheit, seiner Neugier und Anteilnahme am Erleben von anderen. Jemand, der sich nur mit sich selbst beschäftigt, ist meist von Minderwertigkeitsgefühlen geplagt und versucht sie nach außen zu verstecken. Bewusste Selbstwahrnehmung befreit dich von zwanghafter Selbstkontrolle und eröffnet dir den Weg zur Selbstliebe. Nun fragst du dich vielleicht: »Was in mir kann ich überhaupt bewusst wahrnehmen? Worauf genau soll ich meine Aufmerksamkeit lenken?«

Deine Bewusstheit ist das Einzige, das dir jemals »gehört«

Außer deiner Bewusstheit gibt es nichts, das dir wirklich »gehört«. Mithilfe dieser Bewusstheit wirst du dir deiner inneren und äußeren Welten gewahr und trittst in bewussten Kontakt mit ihnen. Alles, was du bewusst wahrnimmst, wird zu deiner Erfahrung und dadurch zu einem Teil deiner Realität. Letztendlich ist das Einzige, mit dem deine Bewusstheit jemals in Beziehung treten kann, deine Erfahrung im Hier und Jetzt.

Mit anderen Worten: Die Entscheidung, worauf du deine Aufmerksamkeit richten willst, bestimmt deine Erfahrung. Wenn du sagst: »Ich habe einen Körper, eine Geliebte, einen Geliebten oder eine Lebenspartnerin, einen Lebenspartner, eine Familie, ein Auto, eine Wohnung oder ein Haus«, dann hast du Recht. All das hast du. All diese Manifestationen sind real und existieren in deinem Leben. Im Grunde genommen ist alles, was du in deinem Leben wahrnimmst, nichts anderes als eine Erfahrung, die du über deine Bewusstheit registrierst. Durch deine Bewusstheit wirst du dir deiner Erfahrung im Hier und Jetzt bewusst.

Die gesamte äußere Welt – bestehend aus Natur, Menschen, Gegenständen, Pflanzen und Tieren – nimmst du über deine Sinnesorgane wahr. Du siehst, hörst, ertastest, riechst und schmeckst sie. Deine Sinneseindrücke ermöglichen es dir, die Außenwelt zu erleben. Darüber hinaus verfügst du über eine Innenwelt, die du in Form von Träumen, Fantasien, Vorstellungen, Ideen und Konzepten erlebst. Jede deiner Erfahrungen wird entweder direkt oder indirekt von deiner inneren oder äußeren Welt angeregt.

Wärst du plötzlich von deinen fünf Sinnen abgeschnitten, würde es dir unmöglich sein, die Außenwelt weiterhin wahrzunehmen. Du hättest das Gefühl, alles verloren zu haben, was jemals dort draußen ein Teil von dir war. Die äußere Welt mit all den Menschen, Besitztümern und Gegenständen, die du so gern hast, würde für alle anderen immer noch existieren, aber für dich wäre sie verschwunden. Da du unfähig bist, deine Aufmerksamkeit auf die Außenwelt zu richten, kannst du sie nicht mehr erkennen. Genau das passiert im Tiefschlaf oder in einem komatösen Zustand. Du hast den Kontakt mit der äußeren Realität verloren. Die Welt dort draußen hat für dich aufgehört zu existieren, da du keine Sinneseindrücke mehr empfangen kannst.

Die einzige Möglichkeit, mit dir, deinen Lieben, deinen Mitmenschen und deiner Umwelt in Beziehung zu treten, besteht darin, mit deiner Erfahrung von ihnen im Hier und Jetzt bewusst in Kontakt zu treten.

Hast du dich jemals gefragt, was in dir sich deiner Erfahrung bewusst ist?

Der Innere Beobachter

Dein individuelles Bewusstsein wird von einem Inneren Beobachter gekennzeichnet, der einfach nur wahrnimmt, was ist. Dieses bewusste Ich hat eine Hauptfunktion: bewusst zu sein und deine Erfahrung im Hier und Jetzt wahrzunehmen. Du kannst dir den Inneren Beobachter als großes Auge vorstellen, das einen weiten und ausgedehnten Blick hat und alles voller Offenheit aus einer Großleinwandperspektive mitbekommt.

Ich bezeichne den Inneren Beobachter auch als das Große Auge, um auf seinen erweiterten und freien Blickwinkel hinzuweisen. Von diesem zentralen Aspekt deiner bewussten Persönlichkeit aus gesehen bist »du« mit keiner deiner Erfahrungen identifiziert oder ihnen verhaftet. Es ist der Innere Beobachter in dir, der bewusst ist und es dir ermöglicht, deine Erfahrungen im Hier und Jetzt auf eine vollständig offene, wertfreie und losgelöste Art und Weise zu erleben.

Der Innere Beobachter ist das Große Auge, die innere Bewusstheit in dir, die alle Erfahrungen in dir bewusst wahrnimmt.

Im Verlauf dieses Buches werde ich immer wieder auf die Bedeutung des Inneren Beobachters für die Entwicklung der bewussten Selbstwahrnehmung oder Selbstbeobachtung hinweisen, die grundlegend für die Kultivierung der Kunst der Selbstliebe ist. An diesem Punkt ist es für dich bestimmt hilfreich zu wissen, dass du jedes Mal, wenn du den Willkommens-Prozess (die zentrale »Selbstliebe-Methode«, vorgestellt im dritten Teil dieses Buches) anwendest, den Inneren Beobachter in dir automatisch unterstützt und stärkst.

> Du hast immer die Möglichkeit, dich willentlich im Inneren Beobachter, im Großen Auge, zu zentrieren.

Das Große Auge
nimmt den Inhalt deiner Erfahrung im Hier und Jetzt bewusst wahr.

Der Inhalt deiner Erfahrung

Hast du jemals bewusst deine Erfahrungen untersucht, um herauszufinden, woraus diese eigentlich bestehen? Alles, was du erlebst, besteht aus bestimmten Elementen, die ich als Inhalte der Erfahrung bezeichne. Das ist ein wichtiger Begriff, den ich immer wieder verwenden werde, um zu betonen, dass jede Erfahrung aus ganz besonderen Inhalten aufgebaut ist, die klar definiert und mit Worten beschrieben werden können. Der Zweck, zwischen den verschiedenen Inhalten zu unterscheiden, besteht darin, dir zu helfen, dich in deinem Inneren Beobachter zu zentrieren. Lass uns nun gemeinsam den Grundstein dazu legen, indem wir jede Kategorie dieser Elemente benennen und ausführlich beschreiben.

Die fünf Elemente der Erfahrung

Um die verschiedenen Inhalte der Erfahrung klar unterscheiden zu können, habe ich fünf Grundkategorien geschaffen, die ich als die fünf Elemente der Erfahrung bezeichne. Jede Erfahrung, unabhängig von ihrem Inhalt, besteht aus einem oder mehrerer dieser Grundelemente.

Die fünf Elemente der Erfahrung sind:
1. Körperempfindungen und Sinneseindrücke
2. Bedürfnisse und Wünsche
3. Emotionen und Gefühle
4. Gedanken, Ideen und Konzepte
5. Bilder, Symbole, Träume, Fantasien, Geschichten und Erinnerungen

Diese Liste soll dir helfen herauszufinden, woraus der eigentliche Inhalt deiner Erfahrung besteht, und so die Wahrnehmung des Inneren Beobachters in dir fördern.

Die Blume der Erfahrung

Die Blume der Erfahrung ist eine einfache bildliche Darstellung. Sie soll dir helfen, besser zu verstehen, wie die unterschiedlichen Elemente der Erfahrung zu deinem Inneren Beobachter in Beziehung stehen. Jedes Blütenblatt steht für ein Erfahrungselement. In der Mitte der Blume erkennst du den Inneren Beobachter, der sich jedem der fünf Elemente der Erfahrung vollständig bewusst ist. Symbolisch gesprochen ist der Innere Beobachter der Pflanzenstiel, aber auch die Knospe, aus der die Blütenblätter entspringen. Aus diesem Grund ist der Innere Beobachter viel mehr als die verschiedenen Blütenblätter mit all ihren vielseitigen Erfahrungen. Die Aufgabe des Inneren Beobachters besteht darin, zentriert im Prozess des Beobachtens zu verweilen und neutral und unberührt von der jeweiligen Erfahrung zu bleiben.

Die Illustration der Blume der Erfahrung auf der nächsten Seite zeigt deutlich die zentrale Position, die der Innere Beobachter beim bewussten Wahrnehmen der fünf Elemente der Erfahrung am besten einnimmt.

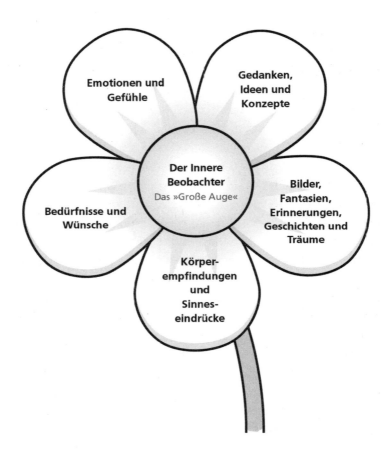

Lass uns nun jedes der fünf Elemente der Erfahrung ausführlich betrachten.

Körperempfindungen

Vielleicht hast du auch manchmal den Eindruck, dass wir gerade dabei sind, unser Menschsein durch eine Produzenten- und Konsumentenexistenz in einem gesellschaftlichen Umfeld zu ersetzen, das uns dazu antreibt, unseren Fokus primär auf äußere Leistungen auszurichten, während es wenig oder gar keinen Wert auf stille Innenschau legt.

Diese Neigung, unsere Ausrichtung fast ausschließlich auf die Außenwelt zu verlegen und den physischen Körper außer Acht zu lassen, breitet sich in unserem technologischen Zeitalter immer mehr aus. Die Auswirkungen erlebe ich häufig bei der Arbeit mit meinen Klienten. Als Somatotherapeut[27], also als körperzentrierter Therapeut, ist es meine Aufgabe, Menschen zu begleiten und anzuleiten, wie sie eine bewusste Wahrnehmungsbrücke zwischen ihren verschiedenen Erfahrungsinhalten und Körperempfindungen[28] herstellen können, sodass sie wirklich in ihrem Körper »landen« und sich dort zentrieren können.

Abgeschnitten von deinem Körper und deinen Körperempfindungen zu leben, ist ein schwerer Verlust, da dir dein Körper klare Informationen über die Gesamtverfassung deines Bodymind geben kann. Mit anderen Worten: Dein Körper spricht zu dir in der Form von Körperempfindungen und kann dir jederzeit ganz klar mitteilen, was deine gegenwärtigen Bedürfnisse sind. Körperempfindungen sowie unwillkürliche Gesten und Gebärden deines Körpers sind Teil des Sprachrepertoires deines Unterbewusstseins. Deshalb ist das Bewusstwerden der eigenen Körperempfindungen einer der natürlichsten Wege, um dein Unbewusstes kennenzulernen.

Wenn sich zum Beispiel in einer bestimmten Situation in deinem Körper eine muskuläre Verspannung aufbaut, dann kommuniziert dir dein Unterbewusstsein, dass es sich unsicher und bedroht fühlt und daher ein Bedürfnis nach Sicherheit hat. Wenn sich dein Körper hingegen zu entspannen und tiefer zu atmen beginnt, dann lässt er dich wissen, dass sich dein Unterbewusstsein sicher fühlt und alles in Ordnung ist.

Unbewusste, intuitive Botschaften werden durch klare Körperempfindungen übermittelt. Durch das Lesen dieses Buches und das Praktizieren des Willkommens-Prozesses wirst du mit einer großen Bandbreite von Körperempfindungen vertraut werden. Lenke einfach deine Aufmerksamkeit bewusst auf deine Körperempfindungen, und mit der Zeit wirst du in der Lage sein, die unterschwelligen oder tieferen Botschaften deines Körpers zu übersetzen.

Viele Menschen verwechseln Körperempfindungen mit Gefühlen und Emotionen oder denken sogar, dass es sich dabei um ein und dasselbe handelt. Dieser Prozess wird dir helfen, diese zwei Elemente der Erfahrung ganz klar zu unterscheiden, und dich gleichzeitig ermutigen, dich mit voller Aufmerksamkeit deiner Innenwelt zuzuwenden.

Die verschiedenen Arten der Körperempfindungen

Die nachfolgende Liste soll dir ein klareres Verständnis der verschiedenen Arten deiner Körperempfindungen geben. Diese Liste versteht sich vor allem als Überblick und nicht als vollständige Aufzählung. Gebrauche sie als Einstieg, um die vielfältigen Arten der Körperempfindungen zu unterscheiden und um zu erkennen, auf welche Art und Weise dir dein Körper mitteilt, was sich unterhalb der Oberfläche deiner bewussten Wahrnehmung abspielt.

– Atmung: Bewegungen in deiner Bauch- und/oder Brustregion ausgelöst durch Ein- und Ausatmung

- Muskeltonus: Anspannung/Entspannung, zum Beispiel hart, angespannt, straff, weich, entspannt, elastisch etc.
- Bewegungsempfindungen: Kribbeln, Zittern, Strömen, Fließen, Pulsieren, Stechen, Pressen, Ruhigwerden, Verlangsamen, Erregung etc.
- Wärmeempfindungen: warm, kalt, lauwarm, kühl, feurig, eiskalt etc.
- Schwereempfindungen: leicht/schwer
- Räumliche Empfindungen: offen, geschlossen, weit, eng, voll, leer, fest, zerstreut etc.
- Empfindungen des Präsentseins: Du fühlst dich präsent in deinem Körper, zum Beispiel: geerdet, verwurzelt, zentriert, verbunden etc.
- Körpergeräusche: Gurgeln, Blubbern, Pfeifen, Brummen etc.

Fragen, die dir helfen sollen, deine Körperempfindungen zu erkennen

1. Was empfindest du in deinem Körper?
2. Wo spürst du diese Empfindung in deinem Körper?
3. Was für eine Art der Körperempfindung ist es?
4. Welches Wort beschreibt diese Körperempfindung am genauesten?

Wenn du das treffende Wort für eine bestimmte Körperempfindung gefunden hast, wirst du eine innerliche Zustimmung spüren, die von dem Gefühl begleitet wird: »Ja, dieses Wort klingt an in mir.« Sobald du gelernt hast, die verschiedenen Körperempfindungen bewusst wahrzunehmen, sie exakt zu beschreiben und mit einem Wort zu benennen, hast du einen großen Schritt in Richtung größerer Selbstwahrnehmung gemacht.

Sinneswahrnehmungen

Sinneswahrnehmungen beinhalten alle Eindrücke, die aus der Außenwelt stammen und die du direkt über eines oder mehrere deiner fünf Sinnesorgane aufnimmst und verarbeitest. Die fünf Sinne ermöglichen dir das Sehen über die Augen, das Hören über die Ohren, das Riechen über die Nase, das Schmecken über die Zunge und das Berühren über die Haut. Jede unzensierte Wahrnehmung, die du direkt über eines deiner äußeren Sinnesorgane empfängst, wird als Sinneswahrnehmung bezeichnet. Beispiele: Du siehst einen Silberlöffel, riechst Kampfer, spürst, wie dir der Schweiß von der Stirn herunterfließt, hörst einen lauten Knall, schmeckst bittere Nahrung etc. Da dir deine Sinneswahrnehmungen sehr vertraut sind, wird es dir sehr leicht fallen, dieses Element der Erfahrung zu identifizieren.

Obwohl sich Sinneswahrnehmungen und Körperempfindungen klar voneinander unterscheiden, habe ich aus Gründen der Übersichtlichkeit diese zwei Kategorien im selben Element der Erfahrung zusammengefasst. Zwischen diesen zwei Gruppen zu unterscheiden ist sehr einfach: eine Wahrnehmung über einen deiner fünf Sinne ist eine Sinneswahrnehmung; hingegen ist eine körperliche Empfindung, die direkt aus deinem Körperinneren kommt, eine Körperempfindung. Den Unterschied zwischen diesen beiden klar zu erkennen, wird dir helfen, dir deiner Körperempfindungen bewusster zu werden, da diese tendenziell von vielen von uns eher unbeachtet bleiben.

Bedürfnisse und Wünsche

Ein Bedürfnis ist ein grundlegender biologischer Trieb, der zu allererst bewusst wahrgenommen, und zweitens, wenn möglich, befriedigt werden will.

Woher weißt du eigentlich, dass du Hunger oder Durst hast? Woran erkennst du ein Bedürfnis? Dein Körper sagt es dir. Genauer ausgedrückt: Dein Körper sendet dir ein inneres Signal. (Dieses Element der Erfahrung steht in direkter Verbindung zur Kategorie der Körperempfindungen.)

Hast du dir jemals bewusst die Zeit genommen, Hunger oder Durst so lange zu beobachten, bis du dieses Hunger- oder Durstsignal als Körperempfindung in seiner ganzen Tiefe erlebt hattest? Könntest du dieses Signal in allen Einzelheiten beschreiben? Wenn du wieder einmal Hunger oder Durst hast, nimm dir einen Moment Zeit und erforsche ganz bewusst, was du in deinem Körper spürst. Das ist eine sehr wirkungsvolle Methode, um dir ein zuvor relativ unbewusstes Körpersignal wirklich bewusst zu machen.

Der Weg, deine Bedürfnisse kennenzulernen, besteht darin, dir deiner eigenen Körperempfindungen und Körpersignale bewusst zu werden.

All deine Grundbedürfnisse, einschließlich deiner Triebe, haben ihre Wurzeln in deiner Biologie. Sie sind von Natur aus instinktiv und werden somit von deinem Unterbewusstsein gesteuert. Du kannst dich nicht hungrig oder durstig machen, wenn du es nicht bist, da Hunger und Durst unwillkürliche und unterbewusste Manifestationen deines Bodymind sind. Dein Körper spricht zu dir über Körperempfindungen.

Die vielfältigen Körperempfindungen informieren dich über deine Bedürfnisse nach Sicherheit, Nahrung, Bewegung, Ruhe, Sexualität, Abgrenzung, Alleinsein, Nähe, stimmiger Berührung oder der angemessenen Distanz zwischen dir und einer anderen Person. Deine Körperempfindungen sind natürliche und intelligente Signale deines Körpers. Deinen Körperempfindungen bewusste Aufmerksamkeit zu schenken, ist eine direkte Methode, deine Intuition zu schulen und mit der Intelligenz deines Unterbewusstseins in Kontakt zu treten, was dich dabei unterstützen wird, ein harmonischeres Leben zu führen.

Wo genau du die Linie zwischen einem Bedürfnis und einem Wunsch ziehst, ist deine persönliche Entscheidung und nicht wirklich entscheidend, da beide demselben Erfahrungselement zugeordnet sind.

Die maslowsche Bedürfnispyramide

Der amerikanische Psychologe Abraham Maslow[29] hat das Leben erfolgreicher und einflussreicher Menschen untersucht. Daraus entwickelte er seine Theorie der menschlichen Motivation. Er erkannte, dass Menschen auf der ganzen Welt die gleichen Bedürfnisse haben. Maslow hat diese Bedürfnisse in fünf Kategorien unterteilt. Diese wurden unter dem Namen maslowsche Bedürfnispyramide bekannt. Diese fünf Kategorien bauen gemäß ihrer Gewichtung aufeinander auf wie die unterschiedlichen Ebenen einer Pyramide.

Das Fundament der Pyramide besteht aus den lebensnotwendigen Grundbedürfnissen des Körpers: Luft zum Atmen, Nahrung, Schlaf, Sex und alles, was uns auf der physiologischen Ebene am Leben erhält. Bei der zweiten Ebene geht es um das Bedürfnis nach Sicherheit und Schutz im körperlichen, emotionalen und materiellen Bereich. Die dritte Schicht hat mit dem Bedürfnis nach liebevollen Beziehungen und gesellschaftlicher Zugehörigkeit zu tun und findet ihren Ausdruck in Familie, Partnerschaft, Freundschaft und Teilnahme am Gemeinschaftsleben, was meist über die Ausübung eines Berufes erfolgt. Die vierte Ebene bezieht sich auf das Bedürfnis nach Ansehen und sozialer Anerkennung, was auch Selbstwertgefühl, Selbstvertrauen, Erfolg, Respekt von anderen, Status und Einfluss beinhaltet. Diese vier unteren Ebenen werden direkt oder indirekt mit den Bedürfnissen des Körpers in Verbindung gebracht. Wie die Tiere so haben auch die Menschen einen instinktiven Antrieb, die Bedürfnisse ihres Körpers zu befriedigen.

Die höchste Stufe, die Spitze der Pyramide, steht für das Bedürfnis nach Selbstverwirklichung. Auf dieser Ebene geht es um Fähigkeiten wie das Schaffen von ethischen Richtlinien, den Ausdruck von Talenten sowie die Entwicklung essenzieller Qualitäten wie Kreativität, Mitgefühl, Ehrlichkeit, Geduld etc. Das Verfolgen der Bedürfnisse auf dem obersten Niveau ist auf die Suche nach Glück und die Verwirklichung des eigenen Gesamtpotenzials ausgerichtet.

Maslow bezeichnete diese oberste Ebene als Bedürfnisse der Selbstverwirklichung oder als Seinswerte. Diese sind nicht körperliche, psychologische und spirituelle Bedürfnisse, die alle Menschen teilen, sobald die darunterliegenden Bedürfnisse abgedeckt sind. Ich betrachte diese höheren Bedürfnisse als Wünsche, da sie über die rein instinktiven Ebenen hinausgehen.

Es ist ein Naturgesetz, dass die höheren Bedürfnisse oder Wünsche erst dann auftauchen, wenn die grundlegenderen befriedigt sind. Mit anderen Worten: Solange eines der tiefer liegenden Bedürfnisse nicht ausreichend befriedigt ist, konzentriert sich deine Aufmerksamkeit automatisch darauf, dieses zuerst zu befriedigen. Erst dann bist du wirklich frei, die anderen, höheren Ziele mit ganzer Kraft anzustreben.

Emotionen und Gefühle

Jeder Mensch erlebt ein breites Spektrum an Emotionen und Gefühlen. Gemäß dem Psychologen Robert Plutchik und seiner Psychoevolutionären Theorie der Emotionen[30] gibt es acht Grundemotionen: Wut, Angst, Trauer, Verachtung, Überraschung, Neugierde, Akzeptanz und Freude. Seine Theorie bekräftigt, dass diese Emotionen ihren Ursprung in unserer Biologie haben und tatsächlich unserem Überleben dienen.

Selbstverständlich erleben wir eine weitaus reichhaltigere Palette an Emotionen als nur diese acht Grundemotionen, die in einer fast endlosen Liste aufgezählt werden könnten. Das Leben ist voller Momente, die gefärbt sind von Unsicherheit, Kummer, Einsamkeit, Sehnsucht, Lust, Staunen, Hass, Bitterkeit, Eifersucht, Begeisterung, Scheu, Frustration und so weiter. Die Aufzählung könnte endlos weitergeführt werden. Alle Emotionen und Gefühle stehen letztendlich bis zu einem gewissen Grad mit diesen acht Grundemotionen in Beziehung.

Ob du eine emotionale Erfahrung als Emotion oder als Gefühl bezeichnest, bleibt dir selbst überlassen. Bestimmte Menschen machen eine klare Unterscheidung zwischen den beiden, doch für den Zweck dieses Buches geht es vor allem darum, klar zwischen den Erfahrungselementen der Körperempfindungen und der Emotionen und Gefühle zu unterscheiden. Die erste Kategorie steht für körperzentrierte Signale und Empfindungen, während die zweite direkt mit emotionalen und gefühlsmäßigen Erfahrungen zu tun hat. Diese klare Unterscheidung hilft dir bei der Anwendung des Willkommens-Prozesses.

Gedanken, Ideen und Konzepte

Jede Erfahrung, die dich dazu anregt nachzudenken, etwas zu analysieren, Fragen zu stellen, mit Ideen zu spielen oder einfach nur deinen Gedanken nachzuhängen, gehört in diese Kategorie.

Das Erfahrungselement der Gedanken, Ideen und Konzepte beinhaltet alle Aspekte und Facetten des Denkens wie zum Beispiel innere Dialoge, Innenschau, Selbstbefragung und alle Gedankenvorgänge, die zu einem tieferen Verständnis führen. Wenn du einen bestimmten Gedanken genauer untersuchst, wirst du feststellen, dass es sich in Wirklichkeit um eine Behauptung, eine Beurteilung, eine Meinung, eine Annahme, eine Glaubensansicht oder eine Überzeugung handelt – um nur einige aufzuzählen. Für unsere Absicht genügt es, wenn du bestimmte Erfahrungen als Gedanken identifizieren und diese dem Erfahrungselement der Gedanken, Ideen und Konzepte zuordnen kannst.

Bilder, Fantasien, Erinnerungen, Geschichten und Träume

Das Erfahrungselement der Bilder, Fantasien, Erinnerungen, Geschichten und Träume umfasst alle Erfahrungen, die sich in Form von inneren Bildern, filmähnlichen Szenen oder Symbolen ausdrücken. Wenn du den Inhalt einer Erfahrung beobachtest und dabei feststellst, dass sich dieser auf eine visuelle Weise manifestiert, dann gehört diese Erfahrung in diese Kategorie. Da die zwei Erfahrungselemente Bilder, Fantasien, Erinnerungen, Geschichten und Träume sowie Gedanken, Ideen und Konzepte einander sehr ähnlich sind, entscheidest du selbst, welche der zwei Kategorien deiner Erfahrung mehr entspricht.

*Eine Einladung, die fünf Elemente der Erfahrung
zu bestimmen*

Nachfolgend findest du eine Liste mit 20 Aussagen. Nachdem du einen Satz gelesen hast, frage dich: »Zu welchem der fünf Elemente der Erfahrung passt diese Aussage am besten?«

An dieser Stelle ist es angebracht zu erwähnen, dass es sich bei dieser Übung nicht um einen Test handelt. Es gibt keine richtigen oder falschen Antworten. Wie du einen bestimmten Erfahrungsinhalt einteilst, ist subjektiv und individuell. Vielleicht bestimmst du einen gewissen Erfahrungsinhalt als Bedürfnis und Wunsch, jemand anderes hingegen würde die gleiche Erfahrung der Kategorie Emotionen und Gefühle zuordnen. Von deinem Standpunkt aus gesehen passen möglicherweise einige der Aussagen sogar in zwei oder mehr Kategorien. Wähle von den fünf Elementen der Erfahrung einfach die Kategorie aus, die dir am meisten entspricht. Sei dir gleichzeitig bewusst, warum du für das betreffende Erfahrungselement genau diese Kategorie ausgesucht hast. Die Grundregel lautet: Deine Wahl ist die richtige.

Nachdem du das Element der Erfahrung bestimmt hast, schreibe in deinem persönlichen Notizbuch deine Antwort hinter jede Aussage. Du kannst dir auch die Illustration der Blume der Erfahrung auf Seite 76 anschauen, um dir zu helfen, deine Wahl zu treffen. Ich wünsche dir viel Spaß beim Bestimmen des Erfahrungselements in den folgenden 20 Aussagen.

1. Ich fühle mich erschöpft.
2. Ich will, dass die Börsenkurse steigen.
3. Ich kann nicht loslassen.
4. Ich kann mir die Situation bildlich vorstellen.
5. Mein Körper fühlt sich angespannt.
6. Ich habe einen bitteren Geschmack im Mund.

7. Ich habe Angst, dass ich am Ende ganz allein leben werde.
8. Ich sehne mich nach mehr Abenteuer.
9. Meine Muskeln schmerzen.
10. Mir ist es egal, ob ich der Beste bin.
11. Ich spüre eine Verkrampfung im Bauch.
12. Ich erinnere mich an meine Operation.
13. Ich habe mehr Mut.
14. Er nimmt keine Rücksicht auf die Gefühle von anderen.
15. Ich träume von einem Haus auf dem Lande.
16. Ich bin glücklich.
17. Ich höre einen hohen Ton.
18. Ich bin so wütend, dass ich ihn schlagen könnte.
19. Mein ganzer Körper fühlt sich geerdeter und präsenter an.
20. Ich kann mir das Zimmer, das ich als Teenager hatte, ganz genau vorstellen.

Aus welchem Grund sollten wir die fünf Elemente der Erfahrung unterscheiden?

Die tiefere Absicht der Unterscheidung und Bestimmung der Erfahrungselemente besteht darin, dich bei der Kultivierung des Inneren Beobachters zu unterstützen. Der Innere Beobachter – das Große Auge – ist der Schlüssel, um dir deiner eigenen Erfahrung im Hier und Jetzt bewusst zu werden und deine Selbstwahrnehmung zu entwickeln, was der erste Schritt in der Kunst der Selbstliebe ist.

Sobald du mit dem Willkommens-Prozess vertraut bist, wirst du erkennen, dass die Fähigkeit, die Elemente der Erfahrung zu bestimmen, dir hilft, Zeit zu sparen, sodass du noch schneller durch den Prozess gehen kannst.

»Bewusst oder unbewusst sein« – das ist hier die Frage

Jedes Mal, wenn du eine Erfahrung machst, hast du die Wahl. Entweder bist und bleibst du dir deiner Erfahrung bewusst und beobachtest sie voller Aufmerksamkeit genauso, wie sie ist, oder du verlierst dich im Inhalt der Erfahrung und identifizierst dich vollständig mit ihr. Die folgenden zwei Abbildungen sollen dir helfen, die beiden Szenarien besser zu verstehen und zu unterscheiden.

Zentrierung: die Perspektive des Inneren Beobachters

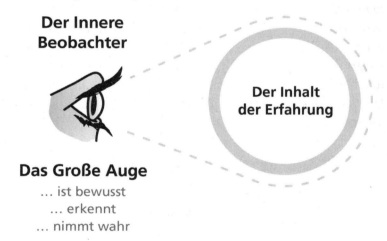

Das Große Auge zeigt symbolisch deinen Inneren Beobachter – das bewusste Ich in dir, das alles wahrnimmt, was ist. Die Illustration zeigt deutlich, dass das Große Auge stets außerhalb in einer gewissen Distanz zum unmittelbaren Einflussbereich deiner Erfahrung verweilt. Dieser Umstand ermöglicht es dir, zentriert in deinem Inneren Beobachter zu bleiben und gleichzeitig den gegenwärtigen Inhalt deiner Erfahrung bewusst zu beobachten.

Es ist wichtig zu erwähnen, dass der Innere Beobachter sich nie mit dem Erfahrungsinhalt identifiziert und sich dadurch auch von keiner Erfahrung vereinnahmen und absorbieren lässt, ganz gleich, woraus ihr Inhalt auch bestehen mag. Er nimmt einfach nur wahr, bezeugt was ist und beobachtet deine Erfahrung auf neutrale und losgelöste Art und Weise.

Der Innere Beobachter, das Große Auge sagt: »Ich bin bewusst« oder »Ich nehme wahr.«

Identifikation: absorbiert von deiner Erfahrung

Wenn du dir des Inneren Beobachters nicht mehr bewusst bist, dann wirst du zum kleinen Ich, welches sich von der Erfahrungswolke verschlucken und absorbieren lässt und sich dadurch vollständig mit dem Inhalt seiner Erfahrung identifiziert. Die folgende Illustration gibt dir eine bildliche Darstellung dieser Situation.

Wenn du im Alltag keine Selbstbeobachtung praktizierst, wirst du dich im Verlauf deines Lebens vollkommen von deinen Erfahrungen vereinnahmen lassen. Das heißt, du lebst meist völlig abgeschnitten vom Inneren Beobachter und lässt dich von deinen Alltagsdramen auffressen. Immer wenn du dich von einer Erfahrung vollständig absorbieren lässt, wirst du automatisch zum kleinen Ich. Das kleine Ich ist der Aspekt in dir, der sich ausnahmslos mit dem Inhalt deiner Erfahrung identifiziert und überzeugt ist, dass du diese Erfahrung bist. Diese »Fehlidentifikation« (du bist in jedem Moment viel mehr als deine Erfahrung!) ist der Grund, warum das kleine Ich nicht fähig ist, den eigentlichen Inhalt deiner Erfahrung bewusst wahrzunehmen.

Marshall Govindan und Jan Ahlund weisen in ihrem Buch *Kriya Yoga: Insights Along the Path* darauf hin, dass wir gewohnheitsmäßig den Inhalt unserer Erfahrung für unsere wahre Identität halten: »Wir verwechseln das Selbst mit dem Nicht-Selbst, das Ewige mit dem Vergänglichen. ... Mit anderen Worten: Egoismus ist die Gewohnheit, sich mit dem zu identifizieren, was wir eigentlich nicht sind, die Bodymind-Persönlichkeit, das Instrument des Verstandes, sowie Gedanken, Körperempfindungen und Emotionen. Wir scheitern daran, diese Manifestationen lediglich als Spiegelungen unseres Bewusstseins zu erkennen.«[31]

Hast du dich jemals so vollkommen von einem packenden Film mitreißen lassen, dass du dir nicht mehr bewusst warst, in einem Kino zu sitzen? Du hast dich vollständig mit der Geschichte, dem historischen Umfeld und den Charakteren des Films identifiziert, besonders mit dem Hauptdarsteller. Du lebst in ihnen und sie in dir. Sogar dein Körper reagiert auf die Ereignisse auf der Leinwand, als ob sie dir selbst zustoßen würden. Die Geschichte und die Akteure bewegen und berühren dich so tief, dass sie deine ganze Aufmerksamkeit absorbieren und zu deinem Drama während der Dauer des Films werden.

Es ist, als ob du selbst gestorben wärst, dich erneut inkarniert und eine neue Persönlichkeit angenommen hättest, die sich jetzt Dorothy Gale, Luke Skywalker, Indiana Jones, Lara Croft, Frodo Beutlin nennt oder wie auch immer der Charakter heißen mag, mit dem du dich gerade identifizierst. Und dann gehen auf einmal die Lichter an und das Drama ist zu Ende. Genau auf die gleiche Art verlieren wir uns in den verschiedenen Erfahrungen in unserem Leben und lassen uns von ihnen einwickeln.

Die Natur des kleinen Ichs

Das kleine Ich befindet sich immer in einem reaktiven Zustand, weil es dem Inhalt deiner Erfahrung völlig verhaftet ist. Da es keinen bewussten Zugang zum Inneren Beobachter hat und unfähig ist, über sich selbst nachzudenken, kann es keinen Schritt zurück machen, beobachten und deine Erfahrung im Hier und Jetzt analysieren. Es reagiert impulsiv auf vorhersehbare und gewohnheitsmäßige Weise. Wenn sich das kleine Ich bedroht fühlt, bekommt es Angst und versucht, entweder die Gefahrenquelle anzugreifen oder zu flüchten. Wenn eine Erfahrung aber angenehm und befriedigend ist, beginnt sich das kleine Ich an die Quelle der Lust oder des Vergnügens zu klammern oder wird sogar süchtig danach.

Das kleine Ich nimmt jede Erfahrung äußerst persönlich, denn es betrachtet die Welt durch einen Filter, der alles nur auf sich selbst bezieht. Es singt immer dasselbe Lied und tanzt immer denselben Tanz: ich, mir, mich und mein. Wenn es sich Befriedigung verschaffen kann oder gelobt wird, fühlt es sich großartig und auf dem höchsten Gipfel der Welt angekommen – für eine gewisse

Zeit. Wird es hingegen auch nur im Geringsten kritisiert oder steht nicht mehr länger im Zentrum der Aufmerksamkeit, fühlt es sich sofort verletzt und wird unzufrieden. Das kleine Ich ist die Wurzel unseres Egoismus, unseres Mangels an Rücksichtnahme auf andere und das Fehlen jeglichen Einfühlungsvermögen für sie, da es vollkommen ichzentriert und ichabsorbiert[32] ist.

Wolken in einem grenzenlosen Himmel

Wir sind viel mehr als unsere Erfahrung. Das gilt für dich, für mich und uns alle. Wir sind immer viel mehr als der Inhalt unserer Erfahrungen. Du bist nicht deine Körperempfindungen und Sinneswahrnehmungen, nicht deine Bedürfnisse und Wünsche, nicht deine Emotionen und Gefühle, nicht deine Gedanken, Ideen und Konzepte und auch nicht deine Bilder, Fantasien, Erinnerungen, Geschichten und Träume.

Metaphorisch gesprochen sind deine verschiedenen Erfahrungen nichts anderes als Wolken, die von sich dauernd verändernden Wetterbedingungen in der Atmosphäre erzeugt werden. Du bist eher wie der grenzenlose Himmel, der das Wetter selbst erzeugt. Obwohl du dich andauernd mit den sich beständig wechselnden Wetterbedingungen deiner Erfahrungswelt identifizierst, bist du viel mehr als diese »Naturerscheinungen«. Das kleine Ich ist dermaßen von den Inhalten deiner Erfahrung in Anspruch genommen und darin verstrickt, dass es überzeugt ist, es sei die Erfahrung selbst. Ist die Erfahrung Trauer, sagt das kleine Ich »Ich bin traurig«; ist sie Wut, »Ich bin wütend.«

Was du hast und erlebst, ist nicht, wer du bist. Wer du bist, ist nicht, was du hast und erlebst.

Der Innere Beobachter – das Große Auge – in dir ist nie mit irgendeinem Inhalt deiner Erfahrung identifiziert. Er kann nie traurig oder wütend sein. Er beobachtet einfach: »Ich nehme Trauer wahr« oder »Ich bemerke Wut.« Der Innere Beobachter verweilt in einem vollkommen neutralen und zentrierten Zustand, von dem aus er alle Erfahrungen unabhängig von ihrem Inhalt wahrnimmt.

Der Tod des kleinen Ichs und das Erwachen
des Inneren Beobachters
Wenn du durch eine persönliche Krise gehst, wie sie zum Beispiel durch den Tod eines geliebten Menschen ausgelöst wird, steigt im kleinen Ich die Angst auf, es könnte vom Trennungsschmerz zerstört werden. Dieser Irrglaube des kleinen Ichs kann so überzeugend sein, dass du wirklich das Gefühl hast, diese Trennung nicht zu überleben. Aber in Wirklichkeit lässt sich der Innere Beobachter von keiner Erfahrung erschüttern, da er immer im Selbst zentriert und verwurzelt bleibt.

In der Tat ist es sogar so: Wird das kleine Ich genug erschüttert, sodass es sich nicht mehr als Fundament deiner Psyche ausgeben kann, bekommt das größere Selbst endlich die Möglichkeit, sich dir zu offenbaren, was dich grundlegend verändern kann.

Mit einer solchen Schlüsselerfahrung war ich im Jahr 2002 konfrontiert. Meine Frau erklärte mir, dass sie jetzt ein Kind wolle. Aber jedes Mal, wenn sie das Thema anschnitt, kamen in mir riesige Ängste und Widerstände hoch. Sie wollte betreffend des Kinderthemas in der näheren Zukunft von mir ein klares Ja oder Nein. Mir war klar, dass ich sie bei einem Nein verlieren würde. Ich entschied mich, allein nach Asien zu reisen, um Raum und Zeit für mich zu haben und herauszufinden, was ich in Bezug auf ein gemeinsames Kind wirklich wollte.

Ab jetzt werde ich die Geschichte in der Gegenwartsform

erzählen, da dieses Ereignis immer noch mit einer solchen Intensität und Unmittelbarkeit in meiner Erinnerung lebendig ist, dass es mir manchmal vorkommt, als würde es in diesem Moment geschehen.

Drei Monate sind verstrichen und ich kehre mit vollständiger Klarheit hinsichtlich meiner Gefühle auf eine mögliche Vaterschaft zu meiner Frau zurück. Wir begeben uns auf einen Spaziergang entlang des Sees, wo wir leben. Als wir zu unserer Lieblingsstelle kommen, fragt sie mich: »Frank, willst du ein Kind mit mir?« Ich bin mir völlig bewusst, dass jetzt der Moment der Wahrheit gekommen ist, vor dem ich mich so lange gefürchtet habe. Ich weiß, dass ich ihr meine Wahrheit mitteilen muss: »Ich fühle mich nicht bereit, mit dir ein Kind zu haben.« Sie schaut mich an und sagt mit Tränen in den Augen: »Das ist das Ende unserer Ehe.« Ich höre ihre Worte, und es ist, als ob mich eine Axt von Kopf bis Fuß durchschneidet und in zwei Teile spaltet.

Ich breche in Tränen aus, und mein ganzer Körper zittert und bebt aufgrund der Emotionen und Gefühle, die aus mir hervorquellen. Ich weine nicht mehr, es weint mich. Der Schmerz ist grenzenlos, jenseits aller Worte. Ich fühle mich wie ein Baby, das gerade seine Mutter verloren hat. Das Einzige, was mir noch übrig bleibt, ist vor lauter Schmerz, der aus meinem Innersten hervorbricht, zu schreien und zu schluchzen. Zwischen den sich immer wieder von Neuem auftürmenden Emotionswellen ringe ich um Luft. Es ist, als würde ich sterben und meinen Todeskampf erleben. Während all dies geschieht, gibt es gleichzeitig aber auch einen Teil in mir, der vollkommen ruhig bleibt und den ganzen Vorgang einfach nur wahrnimmt. Dieser neutrale Beobachter ist einfach nur Zeuge des Geschehens. Er schaut sich all diese intensiven Emotionen an wie Wolken, die am blauen Himmel vorbeiziehen.

Der größte Teil von mir ist absorbiert vom emotionalen Schmerz, soeben meine Frau verloren zu haben. Aber diese Präsenz in mir beobachtet nur auf eine absolut losgelöste Weise. Auf dem Höhepunkt dieses alles zerreißenden Schmerzes, der mich zu zerstören droht, sehe ich auf einmal in mir das Bild eines Baumes, der in der Mitte seines Stammes bis zu seinen Wurzeln gespalten ist. In diesem Augenblick taucht eine Einsicht auf, die die ganze Situation erhellt. Ich sehe, dass es einen Ort gibt, an dem weder der Baum noch die Wurzel weiter gespalten werden können, weil das der Ort ist, an dem alle Bäume und alle Wurzeln ihren Ursprung haben.

Ich erkenne: »Genau hier, an diesem Punkt entsteht alles und genau hier ist alles heil und eins.« In diesem Moment weiß ich aus der Tiefe meines Wesens, dass alles gut ist, wie es ist, und dass ich die Trennung von meiner Frau überleben werde, ganz gleich, was ich auch werde durchmachen müssen.

Wer bin ich?

Die Frage »Wer bin ich?« ist so alt wie die Menschheit. Niemand kann diese Frage zufriedenstellend beantworten, denn, wer du bist, liegt jenseits aller intellektuellen Konzepte und übersteigt das rationale Fassungsvermögen. Dennoch versuchen seit Tausenden von Jahren Menschen, eine Antwort auf diese essenzielle Frage zu geben. Lester Levenson versucht es so: »Du bist ein grenzenloses Wesen. Du warst es immer und du wirst es immer sein. Daran kannst du nichts ändern. Deine einzige Wahlmöglichkeit besteht darin, ob du dich mit deinem unendlichen Wesen identifizieren willst oder mit deinen von dir selbst geschaffenen Beschränkungen.«[33]

Herauszufinden, wer du bist, ist ein Prozess der Selbsterforschung, die dich zu innerer Erkenntnis und zur Verwirklichung deines wahren Selbst führt. Diesen Weg der Selbstverwirklichung zu beschreiten benötigt bewusste Selbstwahrnehmung, welche eine klare Unterscheidung zwischen dem kleinen Ich und dem Inneren Beobachter bewirkt. Durch die regelmäßige Praxis der Selbstwahrnehmung und Selbstbeobachtung verfeinerst du dein Wahrnehmungsvermögen. Das ermöglicht dir, tiefere Einsichten in die menschliche Natur zu gewinnen – in die Natur deines Körpers, deiner Emotionen, deines Verstandes und in die Art und Weise, wie du mit dir und anderen in Beziehung trittst.

Immer öfter wirst du die Grenzen deiner Maske und deines Schattenselbst überschreiten und bis in die Sphäre deines göttlichen Selbst vordringen, zur Quelle der Liebe und des Glücks in dir.

Ohne Selbstwahrnehmung keine Selbstliebe

Wenn du vollkommen vom Inhalt deiner Erfahrung absorbiert bist (wie die Illustration der Identifikation auf Seite 89 zeigt), dann befindest du dich nicht länger in bewusstem Kontakt mit deinem Inneren Beobachter. Deine bewusste Selbstwahrnehmung hast du ebenfalls verloren.

Wenn du dir deiner Erfahrung des Hier und Jetzt nicht länger bewusst bist, kannst du mit dem Inhalt deiner Erfahrung auch nicht in eine bewusste und liebevolle Beziehung treten. Diese Einsicht führt uns zu einem einfachen Grundsatz: ohne Selbstwahrnehmung keine Selbstliebe. Jetzt wird dir auch klar, warum bewusste Selbstwahrnehmung der erste Schritt in der Kunst der Selbstliebe ist.

Selbstwahrnehmung ist Selbstermächtigung
Selbstwahrnehmung ermächtigt dich zu entscheiden, wie du mit dir in Beziehung trittst.

Bewusste Selbstwahrnehmung ist Selbstermächtigung, weil sie dir die Wahl gibt, wie du mit dir, genauer gesagt, mit deiner Erfahrung, in Beziehung treten willst. Jedes Mal, wenn du dir des Inhalts deiner inneren Erfahrung bewusst wirst, ermächtigst du dich selbst, da du dich im Inneren Beobachter zentrierst – dem Fundament aller bewussten Entscheidungen. Selbstwahrnehmung und Entscheidungsfreiheit sind die natürlichen Gaben, die dir der Innere Beobachter schenkt.

Der erste Schritt in der Kunst der Selbstliebe

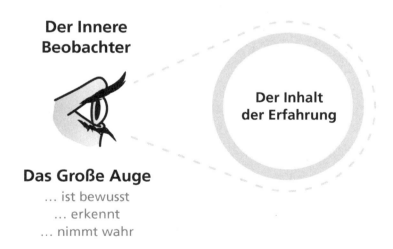

Bewusst mit dem Inhalt deiner Erfahrung im Hier und Jetzt in Beziehung zu treten, ist der erste Schritt in der Kunst der Selbstliebe.

Sobald du dir des Inhalts deiner Erfahrung bewusst bist, bist du bereit für den zweiten Schritt in der Kunst der Selbstliebe: der Wahl deiner inneren Haltung. Dies ist das Thema des nächsten Kapitels.

KAPITEL 5

Selbstliebe ist eine bewusste Wahl

Was wirklich zählt, ist nicht, was dir passiert,
sondern wie du damit umgehst.

Epiktet

Deine Erfahrung ist, wie sie ist

Das Leben ist einfach. Gras ist grün. Der Himmel ist blau. Blut ist
rot. Gleichermaßen ist deine Erfahrung genauso, wie sie ist. Wenn
du dich glücklich fühlst, fühlst du dich glücklich. Wenn du Wut
spürst, spürst du Wut. Wenn du ein Verlangen nach Schokolade
hast, hast du ein Verlangen nach Schokolade. Wenn du Bauchschmerzen hast, hast du Bauchschmerzen. Wenn du mehr Sport
treiben möchtest, dann möchtest du mehr Sport treiben. Wenn
du davon träumst, ein schönes Haus zu besitzen, dann träumst
du davon, ein schönes Haus zu besitzen. Was auch immer deine
Erfahrung ist, das ist deine Erfahrung. Das Leben ist, wie es ist,
und deine Erfahrung ist, wie sie ist.

Diese einfache Wahrheit kann nicht oft genug betont werden.
Die meiste Zeit nimmst du deine Erfahrung nicht wahr, wie sie
ist, weil die Gewohnheit, die Inhalte deiner Erfahrung zu beurteilen, von dir Besitz ergriffen hat. Zudem bist du dir meistens
gar nicht bewusst, dass du alles beurteilst. Letztendlich gibt es

nur Erfahrung – deine Erfahrung im Hier und Jetzt, dein subjektives Erleben im gegenwärtigen Moment. Ob du deine jetzige Erfahrung magst oder nicht, ob du sie als gute oder schlechte Erfahrung beurteilst, das bleibt dir überlassen. Betreffend der Beurteilung und Bewertung deiner Erfahrung gilt Folgendes: Du verfügst über die exklusiven Rechte. Oder wie Shakespeare es seinen Hamlet sagen lässt: »Denn an sich ist nichts weder gut noch schlimm; das Denken macht es erst dazu.«[34]

Die vier Grundbedürfnisse des kleinen Ichs

Das kleine Ich bewertet und beurteilt jede Erfahrung aufgrund von vier grundsätzlichen Kriterien, die ich als die vier Grundbedürfnisse[35] bezeichne.

1. **Das Bedürfnis nach Sicherheit/sich sicher zu fühlen**
2. **Das Bedürfnis nach Liebe/sich geliebt zu fühlen**
3. **Das Bedürfnis nach Befriedigung/sich befriedigt zu fühlen**
4. **Das Bedürfnis nach Kontrolle/sich in Kontrolle zu fühlen**

Das kleine Ich ist instinktiv darauf programmiert, den vier Grundbedürfnissen hinterherzujagen und diese zu befriedigen. In dieser Hinsicht hat es keine Wahl. Seine Hauptarbeit besteht darin, nach bestimmten Erfahrungen Ausschau zu halten und jede Erfahrung gezielt zu verfolgen, die zur Befriedigung eines der vier Grundbedürfnisse beiträgt. Deine Gefühle, deine Gedanken und dein Vorstellungsvermögen sind fast ständig direkt oder indirekt damit beschäftigt, einem Grundbedürfnis hinterherzulaufen. Kurz nachdem das kleine Ich ein Grundbedürfnis gestillt hat, bricht es sofort wieder auf, um nach einer neuen Erfahrung, die Befriedigung verspricht, Ausschau zu halten und diese zu verfolgen.

Wenn du einen Moment lang dein Verhalten gegenüber anderen Menschen analysierst, wirst du feststellen, dass deine Handlungen von einem der vier Grundbedürfnisse motiviert sind. Alles, was du auf unbewusste, gewohnheitsmäßige und reaktive Weise tust, wird von den vier Grundbedürfnissen bestimmt.

Was ist eine »gute« oder »schlechte« Erfahrung?

Jede Erfahrung, die ein Grundbedürfnis befriedigt, ist eine gute Erfahrung und jede Erfahrung, die ein Grundbedürfnis nicht befriedigt, ist eine schlechte Erfahrung.

Das kleine Ich ist aufs Engste mit dem sogenannten Reptilienhirn verbunden, dem biologisch verankerten Überlebensmechanismus in unserem Klein- und Stammhirn, der jede Erfahrung automatisch daraufhin überprüft, ob sie eines der vier Grundbedürfnisse befriedigt. Jede Erfahrung, die ein Grundbedürfnis erfüllt, wird als gut oder positiv beurteilt, und jede Erfahrung, die dieses Kriterium nicht erfüllt, wird als schlecht oder negativ bewertet. Dein kleines Ich ist in gute, positive Erfahrungen verliebt und befindet sich auf Kriegsfuß mit negativen, schlechten Erfahrungen.

Das kleine Ich unterstützt positive Erfahrungen und strebt diese an, da sie ein Grundbedürfnis befriedigen. Je mehr eine bestimmte Erfahrung eines der vier Grundbedürfnisse befriedigt, desto attraktiver und positiver ist sie für das kleine Ich. Eine Erfahrung, die dir das Gefühl von Sicherheit, Wertschätzung oder Geliebtsein vermittelt und dir Befriedigung und Kontrolle verschafft, deckt alle vier Grundbedürfnisse auf einmal ab. Ein solches Erlebnis wird als eine Spitzenerfahrung eingestuft. Dein kleines Ich schwelgt in solchen Erlebnissen und wird dich dazu nötigen, diese mit aller Intensität so oft wie möglich anzustreben, was häufig mit größtem Energieaufwand verbunden ist. Du wirst feststellen, dass du bestimmten Aktivitäten verhaftet oder sogar süchtig nach ihnen bist, da sie deine Grundbedürfnisse zutiefst befriedigen.

Ich werde dir einige Beispiele dafür aufzählen: das Essen deines Lieblingsgerichts, einen ganzen Tag mit deiner oder deinem Geliebten im Bett verbringen, dich mit deiner besten Freundin oder deinem besten Freund austauschen, deine Lieblingssendung anschauen und so weiter. Du wirst größere Selbstbewusstheit erlangen, indem du für dich selbst herausfindest, wie du deine vier Grundbedürfnisse im Alltag befriedigst.

Auf welche Weise befriedigst du die vier Grundbedürfnisse?
Die folgenden Fragen sollen dich einladen, dir bewusst zu werden, auf welche Weise du versuchst, deine vier Grundbedürfnisse zu befriedigen. Durch die Beantwortung der nachfolgenden Fragen wirst du tiefere Einsichten in dein Verhalten gewinnen und die Motivation hinter deinen Alltagsaktivitäten besser verstehen lernen.

1. Stelle dir folgende Fragen und schreibe die Antworten in dein persönliches Notizbuch:
 – Auf welche Weise verbrauchst du die meiste Energie?
 – Was tust du in deiner Freizeit am liebsten?
 – Wofür möchtest du mehr Zeit haben?
 – Was machst du besonders gern, wenn du allein bist?

- Auf welche Weise verbringst du die Zeit mit deiner Partnerin, deinem Partner, deiner besten Freundin, deinem besten Freund und deiner Familie am liebsten?
- Wenn du »überschüssiges Geld« hast, wofür gibst du es am liebsten aus?
- Wofür bist du bereit, Geld zu sparen?
- Wenn du eine riesige Summe zur Verfügung hättest, was würdest du damit tun?
- Wovon kannst du nie genug bekommen?
- Was ruft in dir ein Gefühl größter Lebendigkeit hervor?

2. Schau dir nun noch einmal alle Antworten an, die du aufgeschrieben hast, und stell dir bei jeder Antwort die folgenden beiden Fragen:
- Welches der vier Grundbedürfnisse wird dadurch befriedigt?
- Auf welche Weise wird dieses Grundbedürfnis befriedigt?

Die Antworten können dir ein klareres Verständnis davon geben, auf welche Weise die vier Grundbedürfnisse dein Verhalten beeinflussen und du dein Leben lebst.

Die drei Überlebensmechanismen

Negative oder sogenannte schlechte Erfahrungen stehen immer im Widerspruch zu mindestens einem der vier Grundbedürfnisse. Da diese Grundbedürfnisse immer in direkter Beziehung zu den existenziellen Überlebensbedürfnissen stehen, löst jede Opposition sofort Widerstand und Ablehnung im kleinen Ich aus. Du erlebst diesen Konflikt als unangenehm, aufwühlend oder sogar schmerzhaft und das kleine Ich reagiert mit Feindseligkeit und Gegenwehr.

103

Immer wenn sich das kleine Ich bedroht fühlt, werden die instinktiven Überlebensmechanismen von Angriff, Flucht oder Erstarrung in deinem autonomen Nervensystem aktiviert. Diese Mechanismen haben ihren Ursprung im Reptilienhirn. Die Hauptaufgabe des Reptilienhirns – das auch in den meisten Tieren vorhanden ist – besteht darin, das physische Überleben sicherzustellen. Bei vermeintlichen Bedrohungen versetzt dieser Teil des Gehirns den Organismus innerhalb von Millisekunden in Alarmbereitschaft, indem es einen der drei Überlebensmechanismen auslöst.

In seinem Buch *Waking the Tiger* schreibt Peter Levine: »Für ein Reptil ist eine bewusste Wahl keine Option. Jedes Verhalten, jede Bewegung ist instinktiv.«[36] Dasselbe gilt für das kleine Ich, denn unsere Überlebensmechanismen haben sich parallel zu den Abwehrmechanismen der Reptilien entwickelt.

Unabhängig davon, ob der Auslöser der negativen Erfahrung aus der inneren oder der äußeren Welt kommt, der Überlebensmechanismus wird genau gleich ausgelöst. Mit anderen Worten: Du wirst sowohl im Angesicht von inneren wie auch äußeren Bedrohungen angreifen, flüchten oder erstarren. Der einzige Unterschied besteht darin, dass du deine aggressive Energie gegenüber der Gefahrenquelle entladen wirst, wenn tatsächlich eine äußere Bedrohung vorhanden ist – immer vorausgesetzt, dass Angriff dein »gewählter« Abwehrmechanismus ist.

So kann es zum Beispiel sein, dass du die Kellnerin anschreist, wenn du über eine halbe Stunde lang auf dein Essen warten musst. Genau dasselbe gilt für den Fluchtmechanismus. Wenn du deine negative Erfahrung mit einer äußeren Situation in Verbindung bringst, wirst du dich von der Bedrohung abwenden und dich zurückziehen, zum Beispiel von einem nörgelnden Familienmitglied, einem schlecht gelaunten Arbeitskollegen oder dem ohrenbetäubenden Quietschen eines bremsenden Zuges.

Wenn sich der Angriffsmechanismus deines kleinen Ichs aber gegen dich selbst richtet, dann wirst du dir selbst gegenüber aggressiv, indem du mit Selbstkritik, Selbstablehnung und Selbstanklage über dich herfällst. Wie ich schon zuvor erwähnt habe, ist nichts verletzender, schmerzhafter und bewirkt eine größere Spaltung zwischen dir und deinem natürlichen Seinszustand als andauernder Selbstangriff und ständige Selbstverurteilung.

Die zweite Überlebensstrategie – die Flucht – äußert sich darin, dass das kleine Ich versucht, alle negativen Erfahrungen zu vermeiden, indem es seine Aufmerksamkeit davon abwendet und diese unangenehmen Inhalte verdrängt. Wie du bereits im dritten Kapitel gelesen hast, kann nichts, das wir verdrängen, jemals vollständig verschwinden. All die kritisierten, angegriffenen, abgelehnten und unterdrückten Erfahrungen bleiben im Unterbewusstsein unseres Bodymind verborgen. Weggesperrt von deiner bewussten Wahrnehmung werden diese zu Teilen deiner Schattenschicht.

Die Schockreaktion – der dritte Überlebensmechanismus – wird ausgelöst, wenn sich dein Organismus im Angesicht einer erschreckenden Erfahrung vollkommen überwältigt fühlt.

Dein Organismus kann sich vor der Gefahrenquelle nicht schützen – weder durch Angriff noch durch Flucht. Aus diesem Grund verfällt dein Nervensystem in einen Zustand der Ohnmacht, was deinen Bodymind erstarren oder gefrieren lässt. Dissoziation, Abgeschnittensein und Taubheit sind charakteristisch für eine Schockreaktion, welche oft durch eine Krisensituation ausgelöst wird – zum Beispiel durch einen tragischen Unfall, der mit dem Verlust eines Körperteils endet, dem Selbstmord eines geliebten Menschen oder physischer Gewalt. Schock ist die

Unfähigkeit des Bodymind, mit einer lebensbedrohlichen Situation auf entschiedene, angemessene Weise umzugehen und sich vor der Bedrohungsquelle und ihrem zerstörerischen Einfluss auf wirksame Weise zu schützen.

Das kleine Ich kann niemals glücklich sein

Du kannst dir die vier Grundbedürfnisse als vier hungrige und weit aufgesperrte Münder vorstellen, die den unersättlichen Appetit deines kleinen Ichs repräsentieren. Jeder Mund steht für eines der vier Grundbedürfnisse. Ganz gleich, wie viel Nahrung das kleine Ich den vier Mündern auch geben mag, haben sie doch nie genug und sind nie befriedigt. Keiner dieser vier Münder kann seinen Rachen je voll genug bekommen: Der sicherheitshungrige Mund kann sich nie sicher genug fühlen, der kontrollhungrige Mund kann nie über genug Kontrolle verfügen, der liebeshungrige Mund fühlt sich nie genügend wertgeschätzt und geliebt und der befriedigungshungrige Mund kann nie genug bekommen und schreit gemeinsam mit Mick Jagger: »I can't get no satisfaction!«

Nur selten werden die vier Münder mit solch exquisiter Nahrung versorgt, mit so außergewöhnlichen Erfahrungsinhalten, dass sich ihr Appetit vorübergehend legt – zum Beispiel, wenn du gerade einen superekstatischen Orgasmus gehabt hast, die gute Nachricht bekommen hast, dass du nach langjährigem Studium dein Schlussexamen erfolgreich bestanden hast oder dass die Person, in die du verliebt bist, dich auch liebt.

Was geschieht in solchen Glück verheißenden Momenten? Der Inhalt deiner Erfahrung ist von einer so überragenden Qualität, dass die vier Münder im wahrsten Sinne des Wortes ihre Klappe halten, um diesen fantastischen Happen auszukosten. In diesem einzigartigen Augenblick verstummt dein innerer Dialog, und du wirst dir der Gegenwart deines inneren Selbst, deiner Inneren Sonne bewusst, die dich mit ihrer Liebe und Glückseligkeit durchdringt.

Das Bestreben, dein kleines Ich für immer glücklich zu machen, ist unweigerlich zum Scheitern verurteilt, da seine vier Münder an einer unheilbaren Krankheit leiden, nämlich der Krankheit des fortwährenden Mangels. Die vier Grundbedürfnisse können nie endgültig befriedigt werden, ganz gleich wie viele positive Erfahrungen die vier hungrigen Münder auch verschlingen mögen. Außergewöhnliche Erlebnisse, die in dir die Erfahrung des Glücklichseins hervorrufen, haben nichts mit dem kleinen Ich zu tun. Im Gegenteil: Es ist gerade die Abwesenheit der reaktiven Verhaltensmuster des kleinen Ichs – sein vorübergehendes Verstummen –, die es den wärmenden Strahlen deiner Inneren Sonne erlauben, in deine bewusste Wahrnehmung hineinzuscheinen.

Jedoch beginnt sich das innere Glücksgefühl immer zu schnell wieder zu verflüchtigen. Kurz nachdem die vier Münder den ekstatischen Bissen zerkaut haben, taucht schon die nächste Hungerwelle auf und mit ihr die vier Grundbedürfnisse zusammen mit den reaktiven Verhaltensmustern des kleinen Ichs. Und die Jagd nach guten Erfahrungen, nach neuer, frischer Nahrung beginnt erneut. Deine *Überlebensbande* – die Maske, der innere Kritiker und das kleine Ich – bilden einen verschworenen Dreierbund, den ich ganz einfach die Bande nenne. Die drei Bandenmitglieder teilen eine gemeinsame Absicht: das Überleben des Ichgefühls zu gewährleisten. Wie ich schon erläutert habe, hat jedes Bandenmitglied eine eigene Strategie, um dieses Ziel zu erreichen.

Die Welt deiner Überlebensbande dreht sich ausschließlich um die Aufrechterhaltung und Befriedigung ihrer besitzergreifenden

Haltung gegenüber allem, was mit ich, mir, mich und mein zu tun hat. Wenn das kleine Ich, die Maske und der innere Kritiker »ich« sagen, dann meinen sie wirklich das verletzliche und reaktive »ich«, welches das Zentrum ihrer Existenz ausmacht. Alle drei verteidigen und schützen dich vor negativen und potenziell lebensbedrohlichen Erfahrungen. Zumindest versuchen sie, das zu tun, weil sie davon überzeugt sind, das sei ihre Aufgabe. Der Einfachheit halber kannst du dir vorstellen, dass das kleine Ich der Kopf der Bande ist, der Boss dieses Dreierteams, während die Maske und der innere Kritiker den Körper der Bande bilden. Die Maske und der innere Kritiker tun, was immer sie können, um das Überleben des Bandenanführers sicherzustellen, der das Zentrum ihrer egozentrischen Existenz ist.

Das Reaktionsmuster des kleinen Ichs

Jedes Mal, wenn du dich vollständig mit deiner Erfahrung identifizierst, verhältst du dich auf reaktive Weise.

Die nachfolgende Illustration ist die grafische Zusammenfassung des vorangegangenen Textes. Die Abbildung zeigt auf, wie die unbewussten Mechanismen ablaufen, wenn du dich vollkommen mit deiner Erfahrung im Hier und Jetzt identifizierst und als Konsequenz aus deinem kleinen Ich heraus reagierst – entweder auf eine begeisterte, anhaftende oder eine feindselig ablehnende Weise. Die Struktur der Illustration veranschaulicht deutlich, wie das kleine Ich alle Inhalte deiner Erfahrungen beurteilt und wie ein Widerspruch gegenüber einem der vier Grundbedürfnis automatisch die Überlebensmechanismen im Reptilienhirn auslöst.

Das Reaktionsmuster des kleinen Ichs

Identifikation mit deiner Erfahrung
Das kleine Ich identifiziert sich vollständig
mit der Erfahrung

**Automatische, unbewusste Bewertung
deines Erfahrungsinhalts
aufgrund der vier Grundbedürfnisse:**
• Bedürfnis nach Sicherheit
• Bedürfnis nach Liebe
• Bedürfnis nach Befriedigung
• Bedürfnis nach Kontrolle

»Gute/Positive« Erfahrung
(= angenehm/lustvoll)
befriedigt eines oder mehrere
der vier Grundbedürfnisse

»Schlechte/Negative« Erfahrung
(= unangenehm/bedrohlich/schmerzhaft)
erfüllt *keines*
der vier Grundbedürfnisse

Ruft Anziehung und Anhaften hervor
= sich auf die Erfahrung einlassen –
das Verlangen, sie voll auszuleben

Aktiviert Widerstand und
Abneigung und/oder die drei
Überlebensmechanismen

Kampf

**Angriff/Aggression/
Bekämpfen**
• (Selbst-)Ablehnung
• (Selbst-)Kritik
• (Selbst-)Anklage
• Trotz Widerstands
  Durchsetzung des
  eigenen Willens

Flucht

**Weggehen/
Vermeiden/
Rückzug**
• Wegrennen
• Unterdrücken

Erstarrung

**Gefühl der Ohnmacht/
Schockzustand/
Lähmung**
• Gefühllosigkeit/
  Taubheit
• Dissoziation
• Geistesabwesenheit

Das Große Auge – dein Innerer Beobachter

Dich selbst zu lieben bedingt, dass du dir deiner Erfahrung im Hier und Jetzt bewusst bist.

Der Innere Beobachter verliert sich nie in deiner Erfahrung, da er sich nie mit irgendwelchen Inhalten identifiziert. Er nimmt deine Erfahrung einfach wahr und bleibt davon unberührt. Es ist wichtig, dich daran zu erinnern, dass du jederzeit die Möglichkeit hast, das Reaktionsmuster des kleinen Ichs bewusst wahrzunehmen und zu beobachten. Mit anderen Worten: Du kannst dich in jeder Situation bewusst dafür entscheiden, aus deinem reaktiven Verhalten herauszutreten (sogar, wenn du dich mittendrin befindest), dich zu zentrieren und deine Erfahrung im Hier und Jetzt auf neutrale und losgelöste Art vom Standpunkt deines Inneren Beobachters zu erforschen. Jedes Mal, wenn du dich willentlich in deinem Inneren Beobachter zentrierst, unterstützt und verstärkst du deine bewusste Selbstwahrnehmung.

Du bist der alleinige Eigentümer deiner Erfahrung

Deine Erfahrung gehört nur dir und nur du bist dafür verantwortlich, was du damit machst.

Deine Erfahrung ist immer deine Erfahrung. Dabei spielt es keine Rolle, wer oder was deine Erfahrung ausgelöst hat oder was der eigentliche Inhalt deiner Erfahrung ist. Unabhängig davon, ob du deine Erfahrung magst oder nicht, ist sie doch immer deine Erfahrung. Du bist immer der einzige und ausschließliche Eigentümer deiner Erfahrung.

Wir neigen dazu, andere Menschen oder äußere Umstände für unsere sogenannten negativen Erfahrungen verantwortlich zu machen. Wenn du dich selbst aber genauer beobachtest, kann es sein, dass du dich auf einmal dabei ertappst, dass du deinen

Partner, ein Familienmitglied, deinen Nachbarn, deinen Chef, einen Arbeitskollegen, die Wirtschaft, das Wetter, die menschliche Natur, das Leben oder Gott für dein gegenwärtiges Unglücklichsein verantwortlich machst und sie deswegen anklagst. Wenn du dich im Anklage- oder Beschuldigungsrausch befindest, dann machst du Aussagen wie diese:

»Wegen dir fühle ich mich …«

»Du machst mich …«

»Du bist schuld, dass ich …«

»Nur wegen dir …«

»Wenn du anders wärst (nicht so …), dann könnte ich glücklich sein.«

Du kannst jede der obigen Aussagen auf deine eigene Art vervollständigen, während du an die Person oder Situation denkst, die du des Öfteren wegen deiner negativen Erfahrungen anklagst oder beschuldigst. Wann immer du einer anderen Person Vorwürfe wegen deiner Erfahrung machst, gibst du deine Selbstverantwortung auf und damit auch deine Autorität und persönliche Macht. Wenn du versuchst, dich deiner eigenen negativen Erfahrung zu entledigen, indem du dich selbst anklagst, abwertest und verurteilst, dann fügst du dir nur noch größere Schmerzen und Verletzungen zu.

Fällst du beispielsweise durch ein Examen oder verlierst Geld an der Börse, beginnst du dich daraufhin zu kritisieren: »Ich bin so ein Versager, so ein Idiot.« Zusätzlich zum Schmerz über den Verlust von etwas Wertvollem oder Wichtigem in deinem Leben spürst du nun noch die Verletzung durch den Angriff auf dich selbst. Symbolisch gesprochen drückst du noch einen weiteren Tischtennisball in deine Schattenschicht, indem du den unerwünschten Inhalt deiner Erfahrung ablehnst und verdrängst.

Mehr oder weniger bewusst hast du soeben die Trennung zwischen dir und deiner Inneren Sonne verstärkt und dich damit noch mehr von der inneren Quelle der Liebe und des Glücklichseins in dir abgeschnitten.

Die Wahrheit ist: Du bist der Eigentümer deiner Erfahrung, und deshalb bist du dafür verantwortlich, was du mit dem Inhalt deiner Erfahrung machst. Wenn du jemanden wegen deiner augenblicklichen Erfahrung anklagst oder angreifst, dann ist es deine Entscheidung, dich so zu verhalten. Vielleicht stimmt dir die andere Person sogar zu und glaubt, dass sie wirklich für deine negative Erfahrung verantwortlich ist. In diesem Fall ist das ebenfalls ihre Wahl. Aber ganz gleich, wen du für deine Erfahrung verantwortlich machst oder wen du beschuldigst oder wie sehr sich die andere Person auf deinen Anklagetanz einlässt, bist du, bleibst du und wirst du immer Eigentümer deiner eigenen Erfahrung bleiben. Aus diesem Grund liegt es in deiner Verantwortung, auf welche Weise du mit deiner Erfahrung in Beziehung trittst und was du damit anstellst. Du bist nicht deine Erfahrung – nur ihr »vorübergehender Eigentümer«.

Wenn du einen Hund hast und dein Hund beim Nachbarbauern einige Hühner tötet, dann ist es deine Verantwortung, für den Schaden aufzukommen. Du bist nicht dein Hund, aber da du sein Besitzer bist, trägst du die Verantwortung für das, was dein Hund anrichtet. Genau dasselbe gilt für deine Erfahrung. Du bist nicht deine Erfahrung – du bist viel mehr als das –, aber du bist der Eigentümer deiner Erfahrung und deshalb dafür verantwortlich, was du damit machst.

Es ist eine weitverbreitete Gewohnheit, andere Menschen oder äußere Lebensumstände für unsere Erfahrungen verantwortlich zu machen – ganz besonders dann, wenn wir mit unangenehmen, furchterregenden oder schmerzvollen Inhalten konfrontiert

werden. In Wirklichkeit ist der Versuch, deine Erfahrung loszuwerden – sie abzulehnen, zu verdrängen oder andere anzukla-
gen –, ein hoffnungsloses Unterfangen. Vielleicht hasst du deine
Erfahrung und wünschst dir, du könntest dich davon befreien,
indem du sie einfach jemand anderem zuschiebst oder auf-
drängst, doch das wird niemals funktionieren.

Alle deine Erfahrungen gehören dir, genauso wie dein Körper
zu dir gehört. Deine Erfahrung abzulehnen oder sie zu verleugnen, kommt dem Ablehnen oder Verleugnen deines Körpers
gleich. Wenn du dich wieder einmal dabei erwischst, wie du
jemanden für deine Erfahrung anklagst, dann kannst du dir vorstellen, dass du versuchst, einen Teil deines Körpers loszuwerden,
zum Beispiel deinen Arm, dein Bein oder deine Hand, indem
du den anderen zum Eigentümer des betreffenden Körperteils
erklärst.

Offensichtlich ist es uns nicht möglich, einen anderen zum
Eigentümer eines unserer Körperteile oder einer unserer Erfahrungen zu machen, aber dennoch tun wir genau das, wenn wir
anderen die Schuld an den Erfahrungen geben, die wir nicht
mögen.

Du lebst in deinem Bodymind mit all seinen Erfahrungen, und
es ist deine Entscheidung, wie du mit ihm umgehst.

Wenn du deine Erfahrung im Hier und Jetzt nicht bewusst
anerkennst, also nicht bewusst die Verantwortung dafür über-
nimmst, dann bist du dem unbewussten Reaktionsmuster deines
kleinen Ichs ausgeliefert. Ein reaktives Leben zu führen und andere für deine negativen Erfahrungen verantwortlich zu machen,
bedeutet, dich selbst zum Opfer zu machen. Diese Neigung
führt letztendlich zu Ohnmacht und Hilflosigkeit, weil du damit
deine Fähigkeit aufgibst, dich bewusst zu entscheiden, wie du
zu dir selbst und deiner Erfahrung in Beziehung treten willst.

Es gibt keine Erfahrung, die du jemals wirklich verleugnen oder einfach abschieben kannst. Wie ich bereits im dritten Kapitel erklärt habe, gehen verdrängte Erfahrungen in den Untergrund und werden Teil deines Schattenselbst. Je mehr du unterdrückst, desto dichter und kompakter wird deine Schattenschicht und desto schwieriger wird es für dich, in bewusstem Kontakt mit deiner Inneren Sonne, dem Ursprung der Liebe und des Glücklichseins in dir, zu sein.

Innere und äußere Haltung

Deine innere Haltung ist die geistige Einstellung oder Gesinnung, die bestimmt, wie du zu deiner Erfahrung im Hier und Jetzt in Beziehung trittst. Wie du im vorigen Kapitel gelesen hast, ist das Einzige, zu dem du jemals wirklich in Kontakt treten kannst, deine eigene Erfahrung. Deshalb bezieht sich deine innere Haltung immer auf deine innere Erfahrung, und zwar unabhängig davon, ob ihr Inhalt von einem Stimulus der inneren (zum Beispiel einer Erinnerung oder Fantasie) oder der äußeren Welt (zum Beispiel einem Menschen oder einem Tier) ausgelöst wird.

Deine innere Haltung spiegelt sich fortlaufend in deiner Körperhaltung und deiner äußeren Haltung wider, also der Art und Weise, wie du der Außenwelt begegnest.

Deine innere Haltung drückt aus, wie du dich auf deine innere Erfahrung einstellst, und die äußere, wie du dich auf deine Umwelt und deine Mitmenschen beziehst. Die Betonung dieses Buchs liegt auf der inneren Haltung – der Art und Weise, wie du deiner inneren Erfahrung begegnest.

Wann immer ich von nun an das Wort Haltung benutze, dann meine ich die innere Haltung, und zwar unabhängig davon, ob

114

ich ausdrücklich darauf hinweise oder nicht. Du hast immer eine Haltung dir selbst gegenüber, eine Haltung, auf welche Weise du deiner Erfahrung im Hier und Jetzt begegnest. Die Qualität deiner inneren Haltung spiegelt sich immer auch in deiner äußeren Haltung wider, die ihren Ausdruck in deiner Körperhaltung, deinen Bewegungen, deinen Gebärden, deinem Gesichtsausdruck, deinem Atemrhythmus und dem Klang deiner Stimme findet. Selbst wenn du kein Wort sagst, kann dein Gegenüber deine Körpersprache intuitiv verstehen und bekommt einen allgemeinen Eindruck von deiner Gesamtverfassung und deiner Haltung ihm gegenüber. Deine Körperhaltung ist der Spiegel deiner inneren Haltung.

Wenn du dich wohl, offen und entspannt fühlst, dann wird auch dein Körper dieses Wohlsein, diese Offenheit und Entspannung zum Ausdruck bringen. Du wirst langsam und gleichmäßig aus dem Bauch heraus atmen. Deine Augen werden sich sachte bewegen und mit sanftem Blick auf alles schauen. Dein Wohlbefinden wird auch in deinem Gesicht zu erkennen sein und deine Gebärden werden fließend und voller Anmut sein.

Wenn du dich aber ängstlich, gereizt und ruhelos fühlst, wirst du eher schnell und flach aus der Brust heraus atmen. Dann werden deine Körperbewegungen schnell, abrupt und nicht aufeinander abgestimmt sein. Vielleicht wirst du dich dabei ertappen, wie du unwillkürlich Bewegungen ausführst, die sich ständig wiederholen – zum Beispiel mit den Fingern auf den Tisch klopfen oder mit den Füßen wippen. Diese nervösen Bewegungen sind ein Versuch, einen Teil der aufgewühlten und überschüssigen Energie in deinem Bodymind zu entladen. Vielleicht neigst du auch dazu, deine Arme zu verschränken oder die Beine übereinanderzuschlagen, wenn du dich unsicher fühlst und ein Bedürfnis nach Schutz und innerem Halt hast.

Die meisten Menschen erkennen instinktiv deine innere Haltung im jeweiligen Moment. Deine Körpersprache verrät ihnen ganz direkt, ob es für sie sicher ist, auf dich zuzugehen und mit dir in Kontakt zu treten oder nicht. Jemand muss dich also nur anschauen und deine Körpersignale lesen, um herauszufinden ob deine innere Haltung offen und freundlich, verschlossen und zurückhaltend oder ablehnend und aggressiv ist.

Normalerweise wählst du deine innere Haltung nicht bewusst, sondern reagierst auf deine gewohnte und dir vertraute Art und Weise. Du hast immer eine innere Haltung gegenüber dem, was du erlebst, aber die meisten Menschen wählen ihre Grundhaltung nicht bewusst. Abgetrennt vom Inneren Beobachter und somit deiner Erfahrung im Hier und Jetzt nicht vollständig bewusst, bleibst du im Reaktionsmuster des kleinen Ichs gefangen. Absorbiert vom Inhalt deiner Erfahrung verhältst du dich wie ein Roboter, der weder seine Haltung wählen kann noch die Art und Weise, wie er mit seiner eigenen Erfahrung in Beziehung treten will. Der Mangel an Selbstwahrnehmung macht dich zum Opfer deiner eigenen Erfahrung und deiner gewohnheitsmäßigen Reaktionsmuster, wie ich es in der Illustration des Reaktionsmusters des kleinen Ichs auf Seite 109 beschrieben habe. Das ist die schlechte Nachricht.

Die gute ist, dass du in jedem Moment die Möglichkeit hast, dir deiner Erfahrung im Hier und Jetzt gewahr zu werden und mit ihr bewusst in Kontakt zu treten. Durch die Kultivierung innerer Achtsamkeit und Selbstwahrnehmung gibst du dir selbst die Freiheit, deine Haltung gegenüber deinem inneren Erleben und der Art und Weise, wie du deiner Erfahrung im Hier und Jetzt begegnen willst, zu wählen. Dieser einfache Schritt ermächtigt dich, ein bewusstes Leben zu führen.

Deine Freiheit zu wählen

Der Innere Beobachter

Der Inhalt der Erfahrung

Das Große Auge
… ist bewusst
… erkennt
… nimmt wahr

Wenn du dir deiner Erfahrung im Hier und Jetzt bewusst bist, gewinnst du die Freiheit, deine innere Haltung zu wählen – also die Art und Weise, mit der du dem Inhalt deiner Erfahrung begegnest.

Die größte Freiheit, über die du als Mensch verfügen kannst, ist die Fähigkeit, deine innere Haltung zu wählen. Deine innere Haltung ist der entscheidende Faktor, der die Qualität deines Lebens bestimmt. Der österreichische Psychiater Viktor E. Frankl, der mehrere Konzentrationslager überlebte, formulierte dies so: »Alles kann einem Menschen genommen werden, außer einem: der letzten menschlichen Freiheit, seine Einstellung in jeder Situation zu wählen.«[37]

Alles verändert sich, wenn du eine Grundhaltung wählst und kultivierst, die auf Selbstakzeptanz und Selbstliebe begründet ist: wie du mit deiner gegenwärtigen Erfahrung umgehst und wie du dich selbst, deine Mitmenschen und deine Umgebung erlebst.

Du wählst deine eigene Haltung

Nur du wählst deine innere Haltung – bewusst oder unbewusst. Niemand sonst!

Du hast immer eine Haltung. Jeden Moment deines Lebens nimmst du eine Haltung gegenüber allem ein, was du erlebst. Daran kannst du nichts ändern. Es ist dir ebenso unmöglich, keine innere Haltung zu haben, wie es dir unmöglich ist, keine Körperhaltung zu haben. Da du in jedem Moment über eine Haltung verfügst, möchte ich dich ermutigen, bewussten Gebrauch von deinem freien Willen zu machen und dich zu entscheiden, wie du mit deiner Erfahrung in Beziehung treten willst. Statt dich nur auf eine unbewusste Haltung gegenüber deinem Erleben zu verlassen, wähle mit voller Absicht die Haltung aus, die dir am besten dient.

Hast du dir jemals überlegt, wie es wäre, bewusst eine beständige innere Haltung zu wählen und zu kultivieren, die dich wie ein bester Freund und weiser Lehrer durch dein Leben begleitet? Ganz gleich, was du gerade durchleben magst oder womit du gerade konfrontiert bist, bleibst du in dieser Haltung. Findest du die Idee der Kultivierung einer solchen Grundhaltung attraktiv? Wenn ja, dann lass uns beginnen.

Ich lade dich nun ein, dich dafür zu entscheiden, eine liebevolle Grundhaltung gegenüber all deinen Aspekten sowie gegenüber all deinen Erfahrungen zu kultivieren – unabhängig von ihrem Inhalt. Die Kultivierung einer liebevollen Haltung gegenüber allem, was du erlebst, einschließlich deiner Widerstände und Reaktionen in Bezug auf ein bestimmtes Erleben, ist die Basis der Selbstliebe. Das ist der Weg, um dein eigener bester Freund zu werden.

Der zweite Schritt in der Kunst der Selbstliebe

Der Innere Beobachter

Das *Große Auge*
entscheidet sich für eine
liebevolle Haltung ...

... gegenüber dem Inhalt
der Erfahrung.

Deinen Erfahrungen – einschließlich deiner Widerstände und reaktiven Verhaltensmuster gegenüber deinem Erleben – mit einer liebevollen Haltung zu begegnen, ist der zweite Schritt in der Kunst der Selbstliebe.

Der zweite Schritt in der Kunst der Selbstliebe befähigt dich, all deinen Erfahrungen, sogar deinen Widerständen, Abneigungen und Reaktionen gegenüber der eigentlichen Erfahrung mit einer liebevollen Haltung zu begegnen. Das heißt, es spielt keine Rolle, was du gerade erlebst, ob du dich wütend, traurig, frustriert, ängstlich, launisch, mürrisch, einsam, depressiv, neidisch, eifersüchtig, gelangweilt, unersättlich, besorgt, unnahbar, ablehnend, aggressiv oder sonst wie fühlst. Du begegnest deiner Erfahrung im Hier und Jetzt – oder deinem Widerstand dagegen – einfach nur mit einer liebevollen Haltung.

Glaubst du, dass es dir möglich ist, eine liebevolle Haltung gegenüber all deinen Erfahrungen einzunehmen, gegenüber jedem Aspekt von dir, und dein eigener bester Freund zu sein, in jeder Situation deines Lebens, ganz gleich, was auch geschehen mag?

Ja, das kannst du, indem du eine liebevolle Grundhaltung gegenüber jeder Facette von dir und all deinen Erfahrungen kultivierst. Aber wie sollst du das praktisch und nicht nur theoretisch verwirklichen? Wie kannst du die Kunst der Selbstliebe im Alltag praktizieren? Wie wirst du dir deiner Erfahrung im Hier und Jetzt bewusst? Wie kultivierst du eine liebevolle Haltung gegenüber all deinen Erfahrungen, einschließlich deiner Widerstände gegen sie? Der Willkommens-Prozess ist so gestaltet, dass er dir hilft, all diese Ziele zu erreichen.

Im nächsten Teil dieses Buches wirst du lernen, wie du dir die enorme Kraft einer liebevollen Grundhaltung zu eigen machen kannst.

DRITTER TEIL

Die Praxis der Selbstliebe

KAPITEL 6

Der Willkommens-Prozess™ – der Schlüssel zur Kultivierung der Selbstliebe

Liebe tritt aus dir hervor, weil sie in dir ist.

Daniel Odier[38]

Du bist im Begriff, dir eine der wertvollsten Fähigkeiten anzueignen, die es überhaupt gibt: dich selbst zu lieben. Der Willkommens-Prozess ist zugleich Synthese und Resultat meiner lebenslangen Suche nach einer einfachen und gleichzeitig wirkungsvollen Methode, die es dir ermöglichen soll, immer mehr in und aus der Liebe heraus zu leben, die du bist und die wir alle im Kern unseres Wesens sind. Jahre der intensiven Innenschau, der Selbstanalyse, des Nachdenkens und der Selbsterforschung mittels Yoga, eigener Therapieansätze sowie verschiedener Ausbildungen in ganzheitlichen und somatischen Heilmethoden in der Schweiz und den Vereinigten Staaten sind in die Entwicklung des Willkommens-Prozesses eingeflossen. Dieser Prozess bildet die Grundlage meiner Einzelarbeit mit Klienten und mit Gruppen im Rahmen meiner Praxis für Selbstliebe-Therapie, Coaching und körperzentrierte Lebensberatung.

Die Kunst der Selbstliebe beginnt, wenn du dich entscheidest, eine bewusste und liebevolle Beziehung zu dir selbst zu kultivieren.

123

Weder Geld, Erfolg noch eine liebevolle Beziehung werden dich auf Dauer befriedigen können oder dich glücklich machen, wenn du nicht gelernt hast, dich selbst zu lieben. Nichts dort draußen, nicht einmal der großartigste Freund, kann dir den alles vernichtenden Schmerz des inneren Krieges nehmen. Der Willkommens-Prozess ist ein einfaches und praktisches Werkzeug, das dich befähigen soll, dich selbst zu lieben und dein eigener bester Freund zu werden. Je mehr du lernst, dich selbst mit all deinen Erfahrungen zu lieben, desto einfacher wird es für dich sein, auch andere Menschen mit ihren Erfahrungen zu lieben.

Was ist der Willkommens-Prozess?

Der Willkommens-Prozess ist eine einfache und kraftvolle Methode zur Kultivierung der Kunst der Selbstliebe in drei Schritten; er ist eine »Technik«, die dir helfen soll, dich selbst zu lieben und dein eigener bester Freund zu werden.

Mithilfe dieses Buches kannst du den Willkommens-Prozess ganz leicht erlernen. Das Einzige, was du tun musst, ist, einfach weiterzulesen, die drei Schritte kennenzulernen und die einfachen Übungen zu machen. Alle Informationen, die du brauchst, sind sehr übersichtlich und detailliert in den folgenden Kapiteln ausgeführt und in einer vereinfachten Form, im Diagramm des Willkommens-Kreislaufs™, auf Seite 184 zusammengefasst.

Der Willkommens-Prozess ist
- **eine direkte und wirkungsvolle Methode zur Kultivierung der Kunst der Selbstliebe in drei Schritten,**
- **eine Technik zur Aufmerksamkeitsschulung und der Stärkung des Inneren Beobachters,**

- eine Vorgehensweise, um bewusst mit dir und anderen in Beziehung zu treten,
- eine Praxis, um eine liebevolle Haltung dir und deinen Erfahrungen gegenüber zu entwickeln,
- ein Weg, um zu lernen, dich selbst und andere zu lieben,
- die Grundlage für eine harmonische Lebensweise,
- eine Art und Weise, dich mit dir selbst anzufreunden und dein bester Freund zu werden.

Die positiven Auswirkungen des Willkommens-Prozesses
Welche Resultate kannst du vom Willkommens-Prozess erwarten? Die regelmäßige Anwendung des Willkommens-Prozesses im Alltag wird dir helfen
- negative Selbstgespräche, Selbstkritik und schlechte Laune zu transformieren und zu harmonisieren,
- eine nachhaltig liebevolle Haltung dir gegenüber zu entwickeln,
- deine Selbstachtung, Selbstwertgefühl und Selbstvertrauen zu stärken,
- Achtsamkeit und Selbstwahrnehmung durch die Kultivierung des Inneren Beobachters zu trainieren,
- mit all deinen Erfahrungen, besonders den »negativen«, auf bewusste und liebevolle Weise in Beziehung zu treten,
- Selbstverantwortung für all deine Erfahrungen zu übernehmen
- dich bewusster im Körper zu zentrieren,
- dich immer mehr mit deinem inneren Selbst – der Quelle der Liebe und des Glücks – zu verbinden,
- dich immer öfter aus deinem Inneren heraus geliebt, glücklich und ganz zu fühlen,
- dich voller Vertrauen auf deine innere Autorität zu stützen,

- dich ruhiger, ausgeglichener und zentrierter im Hier und Jetzt zu fühlen,
- dein Freiheitsgefühl zu unterstützen,
- deine innere Stimme bewusster wahrzunehmen,
- größeres Verständnis und Mitgefühl für dich und andere zu erlangen,
- bewusst zu entscheiden, wem gegenüber du was wie und wann ausdrückst,
- harmonischere Beziehungen aufzubauen und zu pflegen,
- die Kunst, dich selbst und andere zu lieben, zu meistern.

Wie ich und andere Praktizierende wirst auch du die aufbauenden Auswirkungen erleben, wenn du den Willkommens-Prozess erlernst und beginnst, ihn in deinem Leben gezielt anzuwenden.

Was der Willkommens-Prozess »macht« –
eine fiktive Geschichte

Stell dir vor, du lebst in einer völlig verschmutzten Industriestadt, in der es unmöglich ist, das Sonnenlicht zu erblicken. Fabriken und Autos verpesten Tag und Nacht die Luft mit ihren giftigen Abgasen; der Himmel über dir verliert niemals seine schwarzgraue Farbe. Da du schon dein ganzes Leben in dieser Stadt zugebracht hast, wäre es einfach zu glauben (so wie es andere tun), dass die Existenz der Sonne nur eine Legende ist.

Aber du kannst dich an einen Tag in deiner Kindheit erinnern, an dem ein so stürmischer Orkan über die Betonstadt fegte, dass er ein Loch in die Wolkendecke riss, sodass du für einen kurzen Moment das strahlend blaue Firmament über dir sehen konntest. Niemals wirst du dieses unermessliche Glücksgefühl vergessen, das dein ganzes Wesen durchflutete, als du die Sonne zum ersten Mal erblicktest und ihre warmen Strahlen auf dem Gesicht spüren konntest. Die Erinnerung an dieses blendende Rund wird dir immer gegenwärtig bleiben. Berührt von dieser vollendeten und andersweltlichen Dimension weißt du tief in dir, dass wahres Glück wirklich existiert.

Du und alle anderen, die du kennst, haben bunte Tapeten und die früher beliebten Wandposter durch das allerneueste Heimdekor ersetzt, die ultraflachen Wandbildschirme, die ganze Wohnwände und Decken abdecken können. Auf den Bildschirmen erscheint 24 Stunden täglich ein sich immer wieder veränderndes, virtuelles Wettermuster. Statt morgens draußen den Sonnenaufgang am Horizont zu beobachten, schaust du ihn dir zu Hause auf deinen Wandbildschirmen an – im Schlafzimmer, in der Küche oder wo immer du dich gerade aufhalten magst.

Wenn du nach einem anstrengenden Arbeitstag nach Hause kommst, schaust du dir auf deinen Wänden einen scheinbar echten Sonnenuntergang in strahlenden, hochaufgelösten Farben über einem See, dem Meer, der Wüste oder einer Berglandschaft an, je nach dem von dir ausgewählten Programm. Die Position der Sonne und die Länge der Tage verändern sich gemäß der jeweiligen Jahreszeit. In den Nachtstunden siehst du einen mit Sternen übersäten Himmel auf deine Wandbildschirme projiziert. Der Tagesanbruch verdrängt allmählich die Nacht und mit ihm verblassen die zahllosen Sternbilder. Alles scheint wie in der Natur zu sein.

Ich mache jetzt einen metaphorischen Vergleich mit Wilhelm Reichs Modell des dreischichtigen Selbst (Seite 38). Die kaum jemals gesehene Sonne jenseits des grauschwarzen Himmels repräsentiert unser wahres Selbst und steht für die primäre Schicht, für unseren Wesenskern. Die zweite Schicht oder das Schattenselbst findet seinen Ausdruck in der verschmutzten Atmosphäre und der Wolkenschicht, welche die Sonne verbirgt. Dein Heim mit dem virtuellen Wetterprogramm steht stellvertretend für die dritte Schicht, also für deine Maske, dein soziales Selbst oder dein Idealselbst.

In der Idealwelt deiner Wandbildschirme wirst du nicht mehr mit der schmerzhaften Gewissheit konfrontiert, dass du ein Leben abgeschnitten von frischer Luft, Sonnenschein, Bäumen, Vögeln und dem blauen Himmel führst. Deine Naturbilder projizierenden Wohnwände gaukeln dir ein Gefühl der Behaglichkeit und des Wohlbefindens vor, indem sie dir helfen, die düstere und lebensfeindliche Welt, in der du lebst, zu vergessen.

Symbolisch gesprochen ist der Willkommens-Prozess eine wirkungsvolle, menschenfreundliche Technologie, die über das Potenzial verfügt, die apokalyptische Atmosphäre dieser Industriestadt zurück in eine natürliche und lebensfreundliche Umgebung zu transformieren. Dieser Prozess wird immer nur Schritt für Schritt angewandt; das heißt, nur ein Thema, ein Problem, eine Erfahrung, ein rauchender Schornstein, eine Fabrik, ein Autoauspuff und eine Heizung auf einmal. Es gibt keine Eile, keine Panik, nur stetigen Fortschritt. Jede Fabrik, welche die neue Willkommens-Technologie anwendet, beginnt umgehend damit, Energie auf umweltfreundliche Weise zu erzeugen. Das wiederum setzt zusätzliche Energien und Ressourcen frei, die gebraucht werden können, um die verbleibende Verschmutzung in der Atmosphäre zu reinigen und sich um die übrigen Umweltschäden zu kümmern.

Jedes Mal, wenn du den Willkommens-Prozess bei der Bewältigung eines Problems oder einer Schwierigkeit anwendest, werden eine weitere Fabrik, ein weiteres Gebäude und ein zusätzliches Auto transformiert, harmonisiert und in einen umweltverträglichen Zustand versetzt. Je mehr du diesen Prozess in deinem Leben einsetzt, desto mehr beginnt sich deine Schatten-schicht aufzuhellen. So beginnen die Wandbildschirme in deinem Heim, die immer ein ideales, virtuelles Wetter wiedergeben, all-mählich ihren Reiz und ihre Bedeutung für dich zu verlieren. Du fängst an, den wirklichen Himmel draußen anzuschauen, und je mehr dieser von seiner Düsterkeit verliert und sich aufheitert, desto mehr fasziniert er dich.

Deine Schattenflecken verringern sich und werden von einem Gefühl der Leichtigkeit und des Glücks ersetzt. Die Strahlen dei-ner Inneren Sonne, deine essenziellen Qualitäten, durchstrahlen immer häufiger die dunkle Atmosphäre deines Schattenselbst. In solchen Momenten realisierst du: »Die Innere Sonne, die Quelle der Liebe und des Glücks, existiert wirklich! Sie ist in mir und sie ist, wer ich wirklich bin.«

Ich weiß nicht, wie lange es dauern wird, all die finsteren Wolkenschwaden und Schattenflecken im Innern endgültig zu transformieren und zu reinigen. Meine innere Atmosphäre be-nötigt immer noch sehr viel Selbstliebe, da es immer noch un-zählige unbeaufsichtigte Fabriken gibt, die mit ihren giftigen Abgasen meine innere Welt verpesten. Aber wann immer es mir möglich ist, eine weitere Schwierigkeit, einen weiteren »rau-chenden Fabrikschornstein«, durch den Willkommens-Prozess zu transformieren und zu harmonisieren, erlebe ich eine unmit-telbare Erleichterung, was mich darin bestärkt, einfach weiter-zugehen und einen Schritt nach dem anderen zu machen. Jede Anwendung des Prozesses ist eindeutig ein weiterer Schritt in die richtige Richtung, hin zu mehr Licht, Liebe und Glück.

Die Macht des Schreibens

Schreiben unterstützt den Inneren Beobachter und stärkt die Fähigkeit, die verschiedenen Erfahrungsinhalte bewusst in dir zu halten.

Schreiben ist eine wirkungsvolle Technik, die von verschiedenen spirituellen Richtungen als nützliches Mittel zur Bewusstwerdung eingesetzt wird. Gemäß der Amerikanischen Assoziation für Psychologie wird die positive Wirkung des Schreibens durch empirische Studien belegt. »Schreiben ist eine einfache, kostengünstige, eigenständige und relativ universale Methode für Menschen, um sich gegen die verheerenden mentalen und physischen Auswirkungen von Stress zu schützen.« Und weiter: »Jeder, der ein Tagebuch geführt hat, kann ebenfalls bezeugen, dass sich Zeit und Anstrengung lohnen, gestützt auf die Erfahrung, dass das Offenlegen der innersten Gedanken und Gefühle – sogar oder besonders jener, die negative Erfahrungen betreffen – positiv für die eigene Gesundheit ist.«[39]

Gestützt auf die Tatsache, dass ich selbst im Alter von 18 Jahren damit begann, bei Bedarf in mein Tagebuch zu schreiben, kann ich die positiven Resultate dieser Forschungen nur bestätigen. Das Aufschreiben meines Erlebens hilft mir, größere innere Distanz und Klarheit zu gewinnen und mit viel mehr Leichtigkeit schneller durch stressvolle Situationen hindurchzugehen.

Schreiben ist tatsächlich eine äußerst effektive Methode, um mit deinem Inneren Beobachter in Kontakt zu kommen und diesen zu fördern. Während du deine Erfahrung aufschreibst, trittst du automatisch einen Schritt zurück und beginnst den Raum zwischen dir und dem eigentlichen Inhalt deiner Erfahrung wahrzunehmen. Mit anderen Worten: Das Schreiben hilft dir, eine objektivere Sicht deiner subjektiven Erfahrung zu erlangen.

Schreiben unterstützt dich außerdem darin, die Fähigkeit zu entwickeln, zu deinem eigenen Gefäß zu werden.

Das heißt, du lernst, deine eigenen Erfahrungen mit ihren unterschiedlichsten Inhalten zu erfassen und in dir zu halten – also alles, was du spürst, fühlst, denkst, dir wünschst und vorstellst. Je mehr du sie in dir halten kannst, desto unwahrscheinlicher ist es, dass du die Kontrolle verlieren und auf unbewusste und reaktive Art ausagieren wirst, so wie ich es im Reaktionsmuster des kleinen Ichs auf Seite 108 beschrieben habe. Dein inneres Erfahrungsgefäß befähigt dich, eine bewusste Entscheidung zu treffen – zum Beispiel, ob du deine Erfahrung einem Freund gegenüber ausdrücken möchtest oder nicht. Und falls ja, kannst du dich außerdem entscheiden, wie und wann du welchen Aspekt deiner Erfahrung mitteilen möchtest.

Die schriftliche Komponente des Willkommens-Prozesses ist nicht nur ein Hilfsmittel, um mit der eigentlichen Technik vertraut zu werden, sondern auch eine Einladung, bewussten Gebrauch von deinem menschlichen Geburtsrecht und Privileg zu machen: der Freiheit zu wählen, wie du mit dir und anderen in Beziehung treten willst.

Der Willkommens-Prozess ist eine »schriftliche Methode«

Im Allgemeinen ist der Willkommens-Prozess eine schriftliche Methode. Ganz besonders im Anfangsstadium, wenn du noch dabei bist, dich mit dem Prozess vertraut zu machen, ist es von größter Wichtigkeit, dass du jeden der drei Schritte aufschreibst. Im elften Kapitel werde ich dir zeigen, wie du den schriftlichen Aspekt dieser Methode ganz schnell und effizient ausführen kannst. An dieser Stelle möchte ich dich bitten, dir ein Notizbuch, Schreibheft oder Malbuch zu kaufen.

Dieses Notizbuch ist eine Art Selbstliebe-Tagebuch, in dem du deine Willkommens-Sitzungen aufschreibst sowie all die Ideen, Gedanken, Gefühle, Themen, Kommentare oder Fragen, die beim Lesen dieses Buches auftauchen. Gewöhne dir an, dieses Selbstliebe-Tagebuch immer in deiner Nähe zu haben: zu Hause auf dem Sofa, im Bett, im Zug oder in der U-Bahn, im Büro, im Restaurant, auf der Parkbank, draußen in der Natur oder wo auch immer.

Dein Selbstliebe-Tagebuch ist dein treuer Begleiter und bester Freund, der dich beim Praktizieren der Kunst der Selbstliebe im Alltag unterstützt und begleitet.

Wenn deine »reaktiven Knöpfe gedrückt werden«

Das regelmäßige Aufschreiben deiner Willkommens-Sitzungen verschafft dir eine stabile Grundlage, auf der du den Willkommens-Prozess in Alltagssituationen spontan, und zwar ausschließlich in deinem Geist, anwenden kannst. Das Aufschreiben ist darüber hinaus die beste Vorbereitung und das beste Training, den Willkommens-Prozess dann geistig anzuwenden, wenn deine »Knöpfe gedrückt« werden – das heißt, wenn du merkst, dass dein Reaktionsmuster aktiviert wurde und du kurz davor bist, es auszuagieren.

Jedes Mal, wenn du dich in einer emotional aufwühlenden Situation befindest, kannst du den Willkommens-Prozess sofort innerlich, in deinem Geist, anwenden.

Stell dir als Beispiel vor, dass dein Partner oder deine Partnerin mit dir auf gehässige Weise spricht oder dass dich dein Chef äußerst harsch und in deinen Augen ungerechtfertigt kritisiert. Das sind Situationen, in denen du den Willkommens-Prozess geradewegs »im Kopf« durchführst, ohne vorher dein Selbstliebe-

Tagebuch hervorzunehmen. Sobald du den Prozess so häufig angewendet hast, dass er dir zur zweiten Natur geworden ist, kannst du ihn auch in der »Hitze eines Alltagsgefechts« einsetzen – vor allem dann, wenn du dich angegriffen oder vernachlässigt fühlst und dringend auf deine eigene liebevolle Zuwendung und Unterstützung angewiesen bist.

Die Fähigkeit, dich selbst auch in schwierigen Lebenssituationen und im Angesicht großer Herausforderungen zu lieben, ist kein überflüssiger Luxus, sondern eine unbedingte Notwendigkeit. Aus diesem Grund ist das konsequente Aufschreiben deiner Willkommens-Sitzungen von so großer Bedeutung.

Eine Einladung, dein Selbstliebe-Tagebuch zu personalisieren
Nun möchte ich dich einladen, deinem Selbstliebe-Tagebuch eine persönliche Note zu geben.

1. Kaufe dir ein Selbstliebe-Tagebuch, also ein Notizbuch, Schreib- oder Malheft.
2. Suche dir einen Ort, an dem du dich sehr wohl fühlst und entspannen kannst.
3. Wähle unter den folgenden Titeln den aus, der dich am meisten anspricht:
   – Selbstliebe
   – Mich selbst lieben
   – Ich bin mein bester Freund/meine beste Freundin.
   – Ich liebe mich.
4. Schließe die Augen und atme einige Male tief in den Bauch hinein. Spüre, wie sich dein Bauch beim Einatmen ausdehnt und wie er sich beim Ausatmen abflacht. Genieße die Ausbreitung der Entspannung in deinem Bodymind.

133

5. Wiederhole still für dich die von dir ausgewählte Variante. Gleichzeitig beobachte, was für Bilder, Symbole, Gedanken, Sätze, Wörter oder Assoziationen in deinem Geist auftauchen.

6. Sobald dir etwas in den Sinn kommt, öffne die Augen, schlage die erste Seite deines Selbstliebe-Tagebuchs auf und gestalte mit diesem Bild, Symbol oder Wort dein persönliches Titelblatt. Zum Beispiel könnte das Bild der Sonne, einer Blume oder eines Regenbogens in deiner Fantasie auftauchen. Wenn du magst, kannst du deinem Tagebuch, Notiz- oder Schreibheft auch einen eigenen Namen oder Titel geben.

Nachdem du dein Selbstliebe-Tagebuch individuell auf dich abgestimmt hast, bist du nun bereit, die kommenden Übungen und deine ersten Willkommens-Sitzungen aufzuschreiben.

Die drei Grundschritte des Willkommens-Prozesses

Dies sind die drei Grundschritte des Willkommens-Prozesses:

1. **Schritt: Willkommen heißen**
2. **Schritt: Zulassen**
3. **Schritt: Bodyshift wahrnehmen**

Diese drei Schritte des Willkommens-Prozesses stellen die konzentrierte, praktisch anwendbare Essenz der in den vorhergehenden Kapiteln vorgestellten Theorie über das »Wie« der Kultivierung der Kunst der Selbstliebe dar.

Ich werde dich jetzt systematisch, Schritt für Schritt, durch den Willkommens-Prozess führen. In den nächsten drei Kapiteln werde ich dir je einen der Grundschritte des Prozesses vorstellen. So wird es dir leichter fallen, dich mit jedem der drei Schritte vertraut zu machen. Die gesamte Information wird detailliert und ausführlich beschrieben, damit du ein gründliches Verständnis für jeden Schritt bekommst. Es ist aber nicht notwendig, dir alle Einzelheiten einzuprägen. Um den Willkommens-Prozess möglichst schnell zu begreifen, musst du nur die Hauptpunkte in den fettgedruckten Textstellen verstehen und die Übungen ausführen, während du weiterliest. Bitte denke daran, dass du dabei bist, eine neue Fähigkeit – die Kunst der Selbstliebe – zu erlernen. Sei also geduldig mit dir und genieße die Reise!

KAPITEL 7

Willkommen heißen – der erste Schritt des Willkommens-Prozesses

Als ich begann, die verschiedenen Schichten meines Lebens abzuschälen, realisierte ich, dass meine gesamte Verrücktheit, all mein Schmerz und all meine Schwierigkeiten durch meinen Mangel an Selbstwertschätzung entstanden sind.

Oprah Winfrey

Wie du schon weißt, geht es im ersten Schritt der Kunst der Selbstliebe darum, dir deiner Erfahrung im Hier und Jetzt, also deiner »subjektiven Wahrheit«, bewusst zu werden. Willkommen heißen, der erste Schritt des Willkommens-Prozesses, beinhaltet die bewusste Entscheidung, den Inhalt deiner gegenwärtigen Erwartung zu begrüßen und ihn genau so wahrzunehmen, wie er ist. Wenn du deine Erfahrung willkommen heißt, dann trittst du mit voller Absicht in Kontakt mit deinem jetzigen Erleben und anerkennst mit gänzlicher Offenheit, was du gerade empfindest, fühlst, brauchst, denkst oder dir vorstellst.

Symbolisch gesprochen gleicht willkommen heißen dem Einschalten einer Taschenlampe in einem dunklen Raum, sodass du bewusst sehen kannst, was dir zuvor verborgen war. Nur weil du einen Baum im Dunkeln nicht sehen kannst, heißt das nicht, dass dieser nicht vorhanden ist. Genauso verhält es sich mit den verschiedenen Inhalten deiner Erfahrung.

Bestimmte Gefühle, Träume, Wünsche oder Gedanken aus

der Vergangenheit oder der Gegenwart haben die Tendenz, unbewusst an dir vorbeizuziehen, es sei denn, du heißt sie voller Aufmerksamkeit willkommen. Auch wenn du sie nicht bewusst wahrnimmst, bedeutet das nicht, dass sie nicht existieren. Sie bleiben unbeachtet, eingetaucht in die Dunkelheit deines Unbewussten. Willkommen heißen wirft das Licht deiner Aufmerksamkeit auf den Baum im Dunkeln – also auf den Inhalt deiner Erfahrung. So wirst du dir der Existenz des Baumes bewusst und erkennst seine Größe und seinen Standort.

Willkommen heißen bedeutet, dich zu entscheiden, mit deiner Erfahrung im Hier und Jetzt bewusst in Kontakt zu treten und ihren Inhalt genauso wahrzunehmen, wie er ist. Die Reise der Selbstliebe beginnt genau dort, wo du gerade bist, indem du deine Erfahrung im Hier und Jetzt willkommen heißt.

Wie kann ich meine Erfahrung willkommen heißen?

1. Stell dir *eine*[40] der »Willkommens-Fragen«:
   Was erlebst du gerade?
   Was ist deine gegenwärtige Erfahrung?
   Was ist deine Erfahrung hier und jetzt?
   Was nimmst du gerade wahr?
   Was beobachtest du gerade?

Die Willkommens-Frage hilft dir, dir deiner Erfahrung im Hier und Jetzt bewusst zu werden.

2. Schreib deine Antwort – den Inhalt deiner Erfahrung im Hier und Jetzt – auf.

Die einfache Formel des Willkommens-Schritts

1. Stell dir *eine*[41] der Willkommens-Fragen. Zum Beispiel: Was erlebst du gerade?

2. Schreib deine Antwort auf. Fertig!

Wann ist der Willkommens-Schritt abgeschlossen?
Sobald du deine Antwort aufgeschrieben hast – den eigentlichen Inhalt deiner Erfahrung im Hier und Jetzt –, hast du den ersten Schritt des Willkommens-Prozesses abgeschlossen und bist bereit für den zweiten Schritt des Willkommens-Prozesses.

Praktische Beispiele für den Willkommens-Schritt
Jetzt folgt eine Liste mit zehn Beispielen des Willkommens-Heißens, die ich aus verschiedenen Willkommens-Sitzungen ausgewählt habe. Sie werden dich mit dem Willkommens-Schritt und der Anwendung der verschiedenen Willkommens-Fragen vertraut machen. Außerdem zeigen sie dir das Spektrum der verschiedenen Erfahrungsinhalte auf, die willkommen geheißen werden können.

Beispiel 1
1. Schritt – willkommen heißen: Was erlebst du gerade?
»Ich nehme Anspannung in den Schultern wahr.«

Beispiel 2
1. Schritt – willkommen heißen: Was ist deine gegenwärtige Erfahrung?
»Ich fühle eine Mischung aus Aufregung und Angst.«

Beispiel 3

1. Schritt – willkommen heißen: Was ist deine Erfahrung hier und jetzt?

»Ich habe Angst, dass ich kritisiert werde, wenn ich nichts tue und mich einfach nur entspanne.«

Beispiel 4

1. Schritt – willkommen heißen: Was nimmst du gerade wahr?

»Es ist mein Traum, mein eigenes Haus zu haben.«

Beispiel 5

1. Schritt – willkommen heißen: Was erlebst du gerade?

»Ich laufe vor meinen Ängsten und Sorgen davon.«

Beispiel 6

1. Schritt – willkommen heißen: Was beobachtest du gerade?

»Ich habe Angst vor der Reaktion meines Partners, wenn ich ›Nein‹ sage.«

Beispiel 7

1. Schritt – willkommen heißen: Was erlebst du gerade?

»Ich sollte nicht so negativ denken.«

Beispiel 8

1. Schritt – willkommen heißen: Was nimmst du gerade wahr?

»Ich will mehr Geld verdienen.«

Beispiel 9

1. Schritt – willkommen heißen: Was erlebst du im Hier und Jetzt?

»Ich habe Widerstände, meine Trauer zu spüren.«

Beispiel 10
1. Schritt – willkommen heißen: Was ist deine Erfahrung hier und jetzt?
»Warum habe ich schon so lange nicht mehr gelacht?«[42]

Die »Nur ein Inhalt«-Regel des Willkommens-Prozesses

Die Regel lautet: Beschränke dich bei jedem Willkommens-Schritt auf nur einen Erfahrungsinhalt.

Der Hauptgrund für die »Nur ein Inhalt«-Regel besteht darin, dass du dich selbst nicht überforderst, wenn du mit besonders schwierigen oder emotional stark aufgeladenen Themen konfrontiert bist – wie zum Beispiel mit Beziehungskonflikten, gesundheitlichen Problemen oder finanziellen Sorgen. Indem du dich immer nur auf einen Erfahrungsinhalt pro Willkommens-Schritt beschränkst, teilst du das ganze Thema oder Problem in kleinere, leichter verdauliche »Erfahrungsportionen« auf.

Dieses Vorgehen ermöglicht es dir, den gesamten Willkommens-Prozess auf organische und verträgliche Weise fortzusetzen – wie du schon bald selbst erleben wirst. Selbst wenn ein Problem wie eine riesige Welle aussieht, die über dir zusammenzubrechen droht, kann dir dieser Prozess aufzeigen, wie du die Riesenwelle in kleine Einzelwellen aufteilen kannst. Als Regel gilt: Arbeite immer nur mit einem Erfahrungsinhalt auf einmal, und zwar ganz gleich, was das Thema oder das Problem auch sein mag.

Nur einen Erfahrungsinhalt pro Willkommens-Schritt auszuwählen, benötigt anfänglich etwas Disziplin. Aber schon bald wirst du erkennen, dass gerade die Anwendung dieser Grundregel den Willkommens-Prozess zu einer so sicheren und wirkungsvollen Methode macht. Das gilt besonders, wenn dir eine heiße Kartoffel – eine schwierige Lebenssituation – begegnet, die in dir großes Unbehagen und intensive Emotionen wie Sorgen, Angst, Frustration, Wut, Eifersucht oder Trauer auslösen.

Eine Übung, um dich mit dem Willkommens-Schritt vertraut zu machen

Jetzt stehst du kurz davor, deinen ersten Schritt bei der praktischen Umsetzung des Willkommens-Prozesses zu machen. Die Kunst der Selbstliebe zu meistern ist ein lebenslanges Unterfangen, eine lebenslange Reise, da all deine Aspekte und all deine Erfahrungen sich danach sehnen, so wie sie sind von dir geliebt, bewusst anerkannt und willkommen geheißen zu werden.

Diese Übung bereitet dich darauf vor, mit dem Willkommens-Prozess besser vertraut zu werden. Suche dir dafür also noch keine »heiße Kartoffel« aus. Sobald du mit dem gesamten Prozess vertraut bist, kannst du ihn jederzeit anwenden, vor allem wenn du dich emotional aufgewühlt oder ganz einfach unwohl fühlst. Aus diesem Grund ist es wichtig, dass du in einem entspannten, angenehmen, neutralen oder positiven Zustand bist, wenn du diese erste Übung machst.

1. Schreibe in dein Selbstliebe-Tagebuch: *Übung des Willkommens-Schritts.*
2. Wähle eine der Willkommens-Fragen aus und schreibe diese auf.
3. Stelle dir in deinem Geiste die Willkommens-Frage.
4. Schreibe deine Antwort (den Erfahrungsinhalt) auf. Zum Beispiel:

1. Schritt – willkommen heißen: Was erlebst du gerade?
»Ich denke an das kommende Wochenende.«
5. Wiederhole die Punkte 2 bis 4, bis du zehn Willkommens-Schritte ausgeführt hast.

Nummeriere jeden Schritt von 1 bis 10. Du kannst jedes Mal dieselbe Willkommens-Frage stellen oder je nach Vorliebe auch eine andere. Die vorhin aufgeführten praktischen Beispiele stellen exakt dar, wie du diese Übung am besten aufschreibst. Wie ich schon erwähnt habe, werde ich dir noch eine Kurzversion zum Aufschreiben der drei Schritte des Willkommens-Prozesses aufzeigen (siehe dazu Seite 210f.). Im Augenblick ist es noch nützlich, die Willkommens-Frage immer aufzuschreiben, da dir dies helfen wird, dir den Willkommens-Schritt gründlich einzuprägen.

Der Willkommens-Schritt ist ein Weg zur Kultivierung des Inneren Beobachters

Ein Klient rief mich einige Tage, nachdem ich ihm den Willkommens-Prozess erklärt hatte, an und sagte: »Es ist erstaunlich! Der Innere Beobachter ist fortwährend präsent. Seit der Sitzung, in der ich den Prozess gelernt habe, merke ich, wie ich mich dauernd beobachte. Anfangs war ich der Methode gegenüber etwas skeptisch, weil sie mir zu einfach schien, um funktionieren zu können. Aber der Willkommens-Prozess kultiviert tatsächlich den Inneren Beobachter.«

Ich habe mich sehr über sein Feedback gefreut, weil das Wahrnehmen des Inneren Beobachters in der Tat die Absicht hinter dem Willkommens-Schritt ist. Wie du aus den vorangegangenen Kapiteln schon weißt, musst du dir zuerst deiner selbst bewusst werden – deiner Innenwelt, deines Bodymind, deiner Erfahrung im Hier und Jetzt –, bevor es dir möglich ist, dir selbst mit einer liebevollen Haltung zu begegnen. Der Willkommens-Schritt schult dich darin, dir deines Inneren Beobachters immer bewusster zu werden. Dieser Schritt ist die Voraussetzung und Grundlage zur Kultivierung der Kunst der Selbstliebe.

Zahlreiche Meditationspraktiken, besonders diejenigen der östlichen Tradition, konzentrieren sich ausschließlich auf den Aspekt der Selbstbeobachtung in der Absicht, Achtsamkeit zu kultivieren. Achtsamkeit stärkt automatisch den Inneren Beobachter und die Aufmerksamkeit des Praktizierenden. Im Taoismus zum Beispiel wird ein spiritueller Weg auch als ein Weg der inneren Kultivierung bezeichnet.

Jeder solche Weg erfordert eine regelmäßige Praxis, um den Inneren Beobachter in sich zu verankern und zu etablieren. Genau dieses Ziel verfolgt der Willkommens-Prozess mit dem ersten Schritt, und du wirst es erreichen, wenn du ihn regelmäßig anwendest. Immer wenn du den Willkommens-Schritt anwendest, praktizierst du die Kunst der inneren Achtsamkeit und erweiterst deine Fähigkeit, dir deiner Erfahrung im Hier und Jetzt bewusst zu sein.

KAPITEL 8

Zulassen – der zweite Schritt des Willkommens-Prozesses

Schmerz existiert nur durch Widerstand, Freude nur durch Annahme. Schmerzhafte Situationen, die du von ganzem Herzen annimmst, werden freudvoll, freudvolle Situationen, die du ablehnst, werden schmerzhaft. Es gibt so etwas wie eine schlechte Erfahrung nicht. Schlechte Erfahrungen entstehen lediglich durch deinen Widerstand gegenüber dem, was ist. *Rumi*[43]

Zulassen ist der zweite Schritt des Willkommens-Prozesses. Dieser Schritt ist der Schlüssel zur Kultivierung einer liebevollen Haltung gegenüber all deinen Erfahrungen, einschließlich deiner Reaktionen, Abneigungen und Widerstände. Zulassen und akzeptieren sind zwei Begriffe, die sehr nahe miteinander verwandt sind. Der wesentliche Unterschied besteht für mich darin, dass Zulassen alles annimmt, sogar das »Nichtakzeptieren«, also deine Widerstände und Aversionen, den »Nein, nicht das!«-Standpunkt, den du gegenüber bestimmten Erfahrungsinhalten einnimmst.

Je tiefer du in dieses Kapitel eintauchst und je mehr du damit beginnst, den Zulassens-Schritt anzuwenden, desto mehr wirst du die alles verwandelnde Kraft des Zulassens direkt erleben. Das Ziel, das wir mit dem Zulassen verfolgen, ist das totale Annehmen all deiner Erfahrungen im Hier und Jetzt, einschließlich deiner Widerstände gegen sie. Letztendlich will alles, will jede Erfahrung in dir angenommen und geliebt werden.

Zulassen ist die allliebende, allumfassende Haltung gegenüber

145

all deinen Erfahrungen – unabhängig davon, worin der eigentliche Inhalt besteht. Zulassen nimmt sogar dein Nichtannehmen, deine Abneigungen und Widerstände gegen dein Erleben im Hier und Jetzt an.

Nathaniel Brandon, ein amerikanischer Psychologe und Pionier im Bereich der Bedeutung des Selbstwertgefühls, hat sehr treffend gesagt: »Der erste Schritt zu einer Veränderung ist Bewusstheit. Der zweite Schritt ist Akzeptanz.« Brandon drückt damit eine zentrale, erfahrbare Wahrheit aus, die ich in klarer Absicht in die ersten beiden Schritte des Willkommens-Prozesses integriert habe.

Der erste Schritt der Transformation ist willkommen heißen. Der zweite Schritt ist zulassen.

Lass uns nun herausfinden, wie man das »Zulassen« der eigenen Erfahrung genau praktiziert, damit du die obige Behauptung für dich selbst überprüfen kannst.

Wie kann ich meine Erfahrung zulassen?

1. Stelle dir die »Zulassens-Frage«:
Kannst du deine Erfahrung[44] im Hier und Jetzt zulassen?

2. Beantworte die Zulassens-Frage mit »Ja« oder »Nein«.
»Ja« bedeutet: Du kannst deine Erfahrung zulassen, wie sie ist.
»Nein« bedeutet: Du kannst deine Erfahrung *nicht* zulassen, wie sie ist.

3. Schreibe die beiden Punkte auf!
Also die Zulassens-Frage und deine Antwort.

Praktische Beispiele für den Zulassens-Schritt

Jetzt folgen zehn Beispiele, die ich aus verschiedenen Willkommens-Sitzungen übernommen habe. Diese werden dir die nötige Klarheit geben, damit du lernst, wie du den Zulassens-Schritt anwenden kannst.

Beispiel 1
1. Schritt – willkommen heißen:»Ich spüre Ruhelosigkeit in meinem Körper.«
2. Schritt – zulassen: Kannst du die Ruhelosigkeit, die du in deinem Körper spürst, zulassen? Ja.

Beispiel 2
1. Schritt – willkommen heißen:»Ich spüre Nervosität.«
2. Schritt – zulassen: Kannst du das Gefühl der Nervosität zulassen? Ja.

Beispiel 3
1. Schritt – willkommen heißen:»Ich würde gern meine Arbeit aufgeben.«
2. Schritt – zulassen: Kannst du den Wunsch, deine Arbeit aufzugeben, zulassen? Ja.

Beispiel 4
1. Schritt – willkommen heißen:»Mein Verstand ist ganz ruhig.«
2. Schritt – zulassen: Kannst du die Ruhe deines Verstandes zulassen? Ja.

Beispiel 5
1. Schritt – willkommen heißen:»Ich erinnere mich, wie ängstlich ich in diesem Moment war.«

2. Schritt – zulassen: Kannst du die Erinnerung, wie ängstlich du dich gefühlt hast, zulassen? Ja.

Beispiel 6
1. Schritt – willkommen heißen: »Ich spüre Wut, dass ich mich mit dieser schwierigen Situation herumschlagen muss.«
2. Schritt – zulassen: Kannst du die Wut über diese schwierige Situation zulassen? Ja.

Beispiel 7
1. Schritt – willkommen heißen: »Ich spüre, dass ich mehr Schlaf brauche.«
2. Schritt – zulassen: Kannst du das Bedürfnis nach mehr Schlaf zulassen? Ja.

Beispiel 8
1. Schritt – willkommen heißen: »Ich sehne mich danach, mehr Kontrolle über mein Leben zu haben.«
2. Schritt – zulassen: Kannst du die Sehnsucht nach mehr Kontrolle über dein Leben zulassen? Ja.

Beispiel 9
1. Schritt – willkommen heißen: »Ich will nur im Bett liegen und gar nichts tun.«
2. Schritt – zulassen: Kannst du das Verlangen zulassen, dass du nur im Bett liegen und gar nichts tun willst? Ja.

Beispiel 10
1. Schritt – willkommen heißen: »Ich fühle mich wie ein Versager.«
2. Schritt – zulassen: Kannst du das Gefühl, dass du dich für einen Versager hältst, zulassen? Ja.

Vielleicht hast du bemerkt, dass jede der vorangegangenen Zulassens-Fragen mit Ja beantwortet wurde. Aber was geschieht, wenn du Nein sagst und deine Erfahrung im Hier und Jetzt *nicht zulassen* kannst?

Das »Nichtzulassen« deiner Erfahrung

Gelegentlich und bisweilen sogar häufig spürst du, wenn du dir die Zulassens-Frage stellst, in dir ein klares »Nein!«. Das ist völlig natürlich. Wir alle lehnen unsere Erfahrungen manchmal ab. Statt die Zurückweisung deines Erlebens zu verleugnen, dich davon abzulenken oder vor dir zu verstecken, zeigt dir der Schritt des Nichtzulassens, was du tun kannst, wenn du innerlich sagst: »Nein, ich kann meine Erfahrung nicht zulassen.«

In einem solchen Fall stellst du dir eine der drei Nichtzulassens-Fragen. Jede der drei Fragen spricht eine andere Nuance deines Neins an. Von der Wirkung her sind die drei Nichtzulassens-Fragen jedoch völlig gleichwertig und nur deine Vorlieben bestimmen deine Entscheidung.

Was tust du, wenn du deine Erfahrung nicht zulassen kannst?

Wenn du Nein zu deinem Erleben sagst, also: »Ich kann meine Erfahrung nicht zulassen.«
Dann stelle dir *eine*[45] der drei Nichtzulassens-Fragen:
»Kannst du dein »Nein« zulassen?«
»Kannst du dein »Nichtzulassen« zulassen?«
»Kannst du deinen »Widerstand« zulassen?«

149

Die praktische Anwendung der drei Nichtzulassens-Fragen
1. Schritt – willkommen heißen: »Ich fühle mich sehr müde.«
2. Schritt – zulassen: Kannst du diese Müdigkeit zulassen? Nein!

Mit deinem »Nein« drückst du Folgendes aus: »Ich kann nicht zulassen, was ich gerade erlebe. Ich spüre einen Widerstand gegen meine Erfahrung und sage Nein dazu.« Jedes Mal, wenn du Nein zu deiner Erfahrung sagst, besteht der nächste Schritt darin, dir eine (nur eine) der Nichtzulassens-Fragen zu stellen, um dann mit dem Zulassens-Schritt fortzufahren.

Die drei Nichtzulassens-Fragen:
1. **»Zulassen« des Neins: Kannst du das »Nein« zulassen?**
2. **»Zulassen« des Nichtzulassens: Kannst du das »Nichtzulassen« zulassen?**
3. **»Zulassen« des Widerstands: Kannst du den »Widerstand« zulassen?**

Zur Abwechslung und um deinen gegenwärtigen Vorlieben zu entsprechen, kannst du zwischen den drei Nichtzulassens-Fragen wählen. Aber du kannst auch stets dieselbe benutzen.

Sobald du auf die Nichtzulassens-Frage – die du gewählt hast – mit »Ja« geantwortet und deine Antwort aufgeschrieben hast, ist der Schritt des Zulassens abgeschlossen.

Grundregel zum Nichtzulassen deiner Erfahrung
Jedes Mal, wenn du »Nein« zum Zulassen deiner Erfahrung im
Hier und Jetzt sagst, fährst du mit dem Willkommens-Prozess
fort, indem du dir eine der drei Nichtzulassens-Fragen stellst.

**Praktische Beispiele für das Nichtzulassen
der Erfahrungsinhalte**

Beispiel 1
1. Schritt – willkommen heißen: »Ich fühle mich beruflich nicht
erfolgreich.«
2. Schritt – zulassen: Kannst das Gefühl, dass du beruflich nicht
erfolgreich bist, zulassen? Nein!
Stelle dir *eine* der Nichtzulassens-Fragen: Kannst du dein
Nein zulassen? Ja.

Beispiel 2
1. Schritt – willkommen heißen: »Ich habe keinen Lebenspartner.«
2. Schritt – zulassen: Kannst du die Erfahrung zulassen, dass du
keinen Lebenspartner hast? Nein!
Stelle dir *eine* der Nichtzulassens-Fragen: Kannst du dein
Nichtzulassen zulassen? Ja.

Beispiel 3
1. Schritt – willkommen heißen: »Ich fühle mich nicht attraktiv.«
2. Schritt – zulassen: Kannst du das Gefühl zulassen, dass du
dich nicht attraktiv findest? Nein!
Stelle dir *eine* der Nichtzulassens-Fragen: Kannst du deinen
Widerstand zulassen? Ja.

Was tust du, wenn du »Nein« zum Nichtzulassen sagst?

Wenn du »Nein« zur Nichtzulassens-Frage sagst, gehst du zum ersten Schritt des Willkommens-Prozesses und stellst dir die Willkommens-Frage erneut:

»Was erlebst du gerade?«

Ein Beispiel bei einem »Nein« zum Nichtzulassen

1. Schritt – willkommen heißen: »Ich habe mit meinen Investitionen viel Geld verloren.«

2. Schritt – zulassen: Kannst du die Erfahrung, dass du viel Geld mit deinen Investitionen verloren hast, zulassen? Nein
(1. Nein)

Stelle dir eine der Nichtzulassens-Fragen: Kannst du dein Nein zulassen? Nein (2. Nein)

Zurückgehen zum Willkommens-Schritt

Die zweite Nein-Regel:

Nach dem zweiten Nein innerhalb desselben Zulassens-Schritts (das Nein gegenüber der Nichtzulassens-Frage) gehst du zurück zum ersten Schritt des Willkommens-Prozesses und stellst dir wieder die Willkommens-Frage:

»Was erlebst du gerade?«

1. Schritt – willkommen heißen: »Ich bin traurig, weil ich so viel Geld verloren habe.«

2. Schritt – zulassen: Kannst du zulassen, dass du traurig darüber bist, so viel Geld verloren zu haben? Ja.

Wenn du auch deine zweite Frage mit Nein beantwortet hast, dann gehst du weiter, indem du zum Willkommens-Schritt zurückgehst und dir erneut die Willkommens-Frage stellst. Dieses Vorgehen gewährleistet, dass der Willkommens-Prozess immer weitergeht und du niemals im Prozess stecken bleibst. Eine bildliche Darstellung findest du auf Seite 184 (Der Willkommens-Kreislauf).

Worte der Ermutigung

Das Thema des Nichtzulassens oder Neinsagens zum Inhalt der eigenen Erfahrung erscheint dir vielleicht wie ein Umweg oder etwas Überflüssiges. Tatsache ist aber, dass genau dieser Aspekt im Willkommens-Prozess von zentraler Bedeutung ist. Ich kann dir versichern, sobald du mit den Nichtzulassens-Fragen vertraut bist, wirst du die Bedeutung des Nichtzulassens verstehen. Das Verstehen kommt mit der Anwendung des Prozesses und bereits ein oder zwei Anwendungen werden dich die energetische Veränderung durch diese Fragen in deinem Bodymind erleben lassen. Lies einfach weiter und gehe Schritt für Schritt durch die Übungen. Schon sehr bald wirst du fähig sein, den Willkommens-Prozess in deinem Alltag anzuwenden. Sei im Moment einfach geduldig mit dir und mache den nächsten Schritt auf dem Weg zur Selbstliebe.

Wann ist der Zulassens-Schritt abgeschlossen?

Wenn du »Ja« zum Zulassen des Inhalts deiner Erfahrung gesagt hast – über die Zulassens- oder Nichtzulassens-Frage – und deine Antwort aufgeschrieben hast, hast du den Zulassens-Schritt abgeschlossen.

Jetzt bist du bereit für den dritten Schritt des Willkommens-Prozesses.

Stell dir wirklich die Zulassens-Frage!
Es gibt keine richtige oder falsche Antwort auf die Zulassens-Frage. Du bist niemals gezwungen, deine Erfahrung zuzulassen, noch wird dies je von dir gefordert werden. Du wirst lediglich gefragt, ob du willens bist, deine jetzige Erfahrung zuzulassen oder nicht. Lausche bewusst und mit echtem Interesse auf die Antwort aus deinem Inneren, während du dir die Zulassens-Frage stellst: »Kannst du den Erfahrungsinhalt wirklich zulassen?« Ja oder Nein?

Stell dir die Frage nicht auf mechanische, nur halb bewusste Weise. Beim zweiten Schritt geht es nicht darum, möglichst schnell die Zulassens-Frage mit Ja zu beantworten, um so rasch wie möglich zum dritten Schritt zu kommen. Jeder Schritt des Willkommens-Prozesses ist so konzipiert, dass es dir stets möglich ist, mit deiner Erfahrung in eine innige Beziehung zu treten. Deshalb ist jeder Schritt bedeutsam und benötigt deine volle Aufmerksamkeit und bewusste Beteiligung.

Nimm dir einen Moment Zeit und lenke deine Aufmerksamkeit auf dein Inneres, dann frage dich, ob du zum Zulassen deiner Erfahrung wirklich Ja sagst. Die Zulassens-Frage mit Nein zu beantworten, ist vielleicht die ehrlichere und authentischere Antwort. Gewisse Teilnehmer, die mein Selbstliebe-Training besucht haben, kommen manchmal auf die Idee, dass es besser ist, eine Erfahrung zuzulassen, als sie nicht zuzulassen. Dem ist nicht so. Ja ist keine bessere Antwort als nein. Es ist wichtig, dass du die Zulassens-Frage, sowie die Nichtzulassens-Frage mit größtmöglicher Aufrichtigkeit beantwortest, indem du auf die Antwort deines Herzens, deines Inneren, hörst. Darum geht es!

»Ja« zu sagen bedeutet, dass du deine bewusste Zustimmung zum Zulassen deiner Erfahrung im Hier und Jetzt – genau so, wie sie ist – geben kannst und auch gibst.

»Nein« zu sagen bedeutet, dass du deine bewusste Zustimmung zum Zulassen deiner Erfahrung im Hier und Jetzt – genau so, wie sie ist – nicht geben kannst und auch nicht gibst.

Das »Sicherheitsventil« des Willkommens-Prozesses

Deinen Widerstand, dein Nein zu respektieren, ist ein Ausdruck von Selbstliebe.

Nein zu sagen, ist deine Möglichkeit dich abzugrenzen, eine Grenze zu ziehen und deinen gegenwärtigen Zustand aufrechtzuerhalten. Die Grundabsicht hinter dem Nein ist, dein Bedürfnis nach Sicherheit und Wohlbefinden aufrechtzuerhalten. Ein Nein bejaht und respektiert deine Grenzen und dein Bedürfnis nach Abgrenzung, Raum, Privatsphäre und Schutz. Dein Sicherheitsgefühl ändert sich fortlaufend. In dieser Hinsicht ist deine Beziehung zu dir nicht viel anders als die zu einem anderen Menschen. An einem Tag sehnst du dich nach Nähe und Intimität und an einem anderen nach Freiraum und Zeit, die du mit dir allein verbringen kannst.

Der Zulassens-Schritt gibt dir immer die Freiheit, Nein zu sagen und somit Ja zu deinem Widerstand zu sagen. Der Willkommens-Prozess zwingt dich niemals, eine Erfahrung zuzulassen, die du innerlich ablehnst oder der du dich nicht gewachsen fühlst. Es ist nicht nur natürlich, sondern auch völlig in Ordnung, Widerstand und Ablehnung gegenüber gewissen Erfahrungsinhalten zu fühlen. Ebenso ist es normal, ein Bedürfnis nach Abgrenzung zu spüren. Du brauchst nicht mehr deinem Idealselbst zu entsprechen und darunter zu leiden, dass du höher entwickelt sein solltest, als du es in Wirklichkeit bist.

Wenn dir ein bestimmter Erfahrungsinhalt als zu viel erscheint, als zu bedrohlich, zu intensiv, zu unerträglich oder zu riskant, um ihn zuzulassen, dann gib dir innerlich die Erlaubnis, dich abzugrenzen, indem du ganz einfach sagst: »Nein, ich kann diese Erfahrung nicht zulassen.«

Diese simple Handlung des Zulassens deines Widerstands und deines Bedürfnisses nach Abgrenzung verschafft dir ein Gefühl der Sicherheit. Nie musst du anders sein, als du bist. Du kannst einfach sein, wie du bist. Das ist das Schöne an diesem Prozess! Du bist jetzt endlich frei, dich genauso, wie du bist, anzunehmen und zuzulassen. Du hast die Freiheit, alles wahrzunehmen, was du in dir spürst – und dies mit deiner ganzen Offenheit, aber auch mit deinem Widerstand gegenüber dem, was du gerade erlebst.

Die Möglichkeit, Nein zum Zulassen deiner gegenwärtigen Erfahrung zu sagen, ist ein zentraler Bestandteil des Willkommens-Prozesses. Auf diese Weise respektierst du deine eigenen Grenzen und dein Bedürfnis nach Sicherheit, was ebenfalls ein Schutzmechanismus ist, der dich davor schützt, Erfahrungsinhalte zuzulassen, die sich zu bedrohlich oder zu überwältigend anfühlen.

Die Option, Nein zum Zulassen deines Erfahrungsinhalts zu sagen, stellt das Sicherheitsventil des Willkommens-Prozesses dar. Nehmen wir an, du bist mit einer Lebenssituation konfrontiert, die große Angst oder Trauer in dir auslöst. Daraufhin entscheidest du dich, den Willkommens-Prozess anzuwenden. Beim zweiten Schritt angekommen stellst du dir die Zulassens-Frage und gleichzeitig realisierst du, dass sich die Angst oder Trauer derart überwältigend anfühlen, dass du sie nicht zulassen kannst. In diesem Fall entscheidest du dich und sagst: »Nein, ich kann diese enorme Angst oder Trauer nicht zulassen.«

Diese Entscheidung wird dir sicher sehr leicht fallen. Durch das Zulassen von dem »was gerade ist«, wirst du erkennen, dass das Respektieren deiner Grenzen und deines Bedürfnisses nach

Abgrenzung Ausdruck einer liebevollen Haltung dir gegenüber ist. Lernen, Nein zum Zulassen deines Erlebens zu sagen, ist in der Kultivierung der Kunst der Selbstliebe von entscheidender Bedeutung.

Aus dem Innersten deines Herzens heraus Nein zu sagen, heißt in Wirklichkeit, Ja zu dir selbst zu sagen.

Die vollständige Formel des Zulassens-Schrittes

1. Schreib die Zulassens-Frage auf:»Kannst du deine Erfahrung zulassen?«
2. Beantworte die Frage und schreib deine Antwort auf: ja oder nein.
3. Wenn du mit Ja geantwortet hast, ist der Zulassens-Schritt beendet.
   Wenn du mit Nein geantwortet hast, dann stell dir eine der drei Nichtzulassens-Fragen und schreibe deine Antwort auf.
3a. Wenn du mit Ja geantwortet hast, ist der Zulassens-Schritt beendet.
3b. Wenn du mit Nein (zweites Nein) geantwortet hast, dann gehst du zurück zum ersten Schritt des Willkommens-Prozesses und stellst dir erneut die Willkommens-Frage ... und machst mit dem Prozess einfach weiter.

Eine Übung, um dich mit dem Zulassens-Schritt vertraut zu machen

Nun lade ich dich ein, den Zulassens-Schritt zu üben und dich mit ihm vertraut zu machen. Da es sich nur um eine Übung handelt, empfehle ich dir, diese nur dann auszuführen, wenn du dich wohl und ausgeglichen fühlst.

Praktiziere den Willkommens- und den Zulassens-Schritt:

1. Schreib in dein Selbstliebe-Tagebuch: *Übung des Willkommens- und Zulassens-Schrittes*

2. Übe nun den Willkommens- und Zulassens-Schritt mit zehn verschiedenen Erfahrungsinhalten und nummeriere diese von 1 bis 10.

Beispiel:

1. Schritt – willkommen heißen: »Ich fühle mich innerlich ruhig.«
2. Schritt – zulassen: Kannst du das Gefühl der inneren Ruhe zulassen? Ja.

Dann fährst du auf dieselbe Weise fort, bis du zehn verschiedene Erfahrungen willkommen geheißen und zugelassen hast. Damit dir diese Übung noch leichter fällt, empfehle ich dir, die vorangegangenen zehn Willkommens- und Zulassens-Schritte noch einmal anzuschauen. Durch das Buch zu blättern und die Informationen, die du benötigst, noch einmal nachzulesen, wird dir helfen, dir jeden der drei Schritte einzuprägen und dich mit dem Willkommens-Prozess vertraut zu machen.

Das Zulassen deiner Erfahrung bedeutet nicht, sie auszuagieren

Es gibt einen gewaltigen Unterschied zwischen dem Zulassen und dem Ausdrücken deiner Erfahrung. Deine Erfahrung zuzulassen bedeutet, dass du Ja sagst zum Erleben des Inhalts im Innern deines Bodymind. Es heißt aber nicht, dass du dein Erleben in der Außenwelt ausagierst.

Um diesen Punkt noch besser zu erläutern, wollen wir uns ein praktisches Beispiel aus einer Willkommens-Sitzung anschauen:

1. Schritt – willkommen heißen: »Ich will ihn schlagen und anschreien.«
2. Schritt – zulassen: Kannst du das Verlangen, ihn zu schlagen und anzuschreien zulassen? Ja.

Ja zu sagen zum Zulassen des Verlangens, den anderen schlagen und anschreien zu wollen, heißt nicht, dass du den anderen tatsächlich schlagen und anschreien wirst. Wenn du Ja sagst, dann lässt du ausschließlich den Wunsch zum Ausagieren in deinem Bodymind zu.

Aus diesem Grund ist das innerliche Zulassen einer Erfahrung nicht dasselbe wie das Ausdrücken der eigentlichen Erfahrung. Nachdem du die Willkommens-Sitzung abgeschlossen hast, kannst du dich immer noch entscheiden, ob du dein inneres Erleben zum Ausdruck bringen willst oder nicht – und falls ja, welchen Teil davon und auf welche Art.

Selbstbeherrschung ist eine natürliche Begleiterscheinung des Zulassens-Schrittes

Selbstbeherrschung ist die Fähigkeit, dein inneres Erleben, deine Erfahrung im Hier und Jetzt, zuzulassen, ohne deine gewohnheitsmäßigen Verhaltensweisen oder Reaktionsmuster automatisch ausagieren zu müssen.

Der Begriff Selbstbeherrschung bezeichnet die dritte Möglichkeit, wie du mit deinem inneren Erleben umgehen kannst. Wenn du deine Erfahrung in dir umfasst und in dir hältst, dann unterdrückst du diese nicht und drückst sie auch nicht aus. Du kannst dir vorstellen, dass du in dir ein Gefäß hast, das die Fähigkeit besitzt, alle Erfahrungen, ganz gleich, wie aufregend oder anspruchsvoll ihre Inhalte auch sein mögen, in sich aufzunehmen.

Die konsequente Anwendung des Willkommens-Prozesses, besonders des Zulassens-Schrittes, verstärkt dieses innere Gefäß und lässt es sich ausdehnen. Das macht es dir möglich, die vielfältigen Erfahrungsinhalte in dir zu halten. Die Entwicklung von Selbstbeherrschung erhöht deine innere Freiheit, da du immer weniger von äußeren Umständen und den Reaktionsmustern deines kleinen Ichs kontrolliert wirst. Der Zulassens-Schritt gibt dir eine neue Wahlmöglichkeit: deine innere Erfahrung in deinem inneren Gefäß zu halten. Das ermöglicht es dir zu entscheiden, ob du diese innere Erfahrung (was du spürst, fühlst, denkst und so weiter) tatsächlich ausdrücken willst und, falls ja, auf welche Art, welchen Aspekt davon, wann und mit wem.

Je mehr du lernst, mit voller Absicht deine Erfahrung mit dem Zulassens-Schritt in dir zu halten, desto stärker und größer wird dein inneres Gefäß und damit deine Liebesfähigkeit, deine Fähigkeit, dich selbst mit deiner Erfahrung und andere mit ihrer Erfahrung im Hier und Jetzt zu lieben. Mit zunehmender Praxis ist nicht mehr entscheidend, was der Inhalt deiner Erfahrung ist, sondern dass du jede Erfahrung willkommen heißt und zulässt und ihr so auf bewusste und liebevolle Art begegnest. Die Ausweitung deines inneren Gefäßes entspricht ebenfalls einer Steigerung deiner Selbstkontrolle und deiner Selbstbeherrschung.

Zulassen ist ein Weg zur Kultivierung einer liebevollen Haltung

Zulassen ist eine allumfassende und allliebende Haltung. Zulassen kennt keinen Widerstand und nimmt daher jeden Widerstand an. Nichts, kein Erleben, kein Erfahrungsinhalt, ist zu schmutzig, zu hässlich oder zu schlecht, um nicht in seiner allliebenden

Umarmung angenommen, aufgenommen und transformiert zu werden.

Schon indem du dir die Zulassens-Frage »Kannst du deine Erfahrung im Hier und Jetzt zulassen?« stellst, beginnst du automatisch eine liebevolle Haltung dir gegenüber zu kultivieren. Diese Frage lädt dich ein, deinem Erfahrungsinhalt auf liebevolle Art zu begegnen.

Stell dir vor, du hättest einen heiligen Tempel in dir, einen Tempel der Selbstliebe. Die Eingangshalle betrittst du durch ein weit geöffnetes Portal, das den Willkommens-Schritt symbolisiert, durch den du alle deine Erfahrungen willkommen heißt. Jede Erfahrung ist eingeladen, die Eingangshalle zu betreten und dort am Empfang von der Präsenz des Bewusstseins begrüßt zu werden. Keine Erfahrung wird abgelehnt, zurückgewiesen, kritisiert oder angegriffen. Nichts muss anders sein, als es ist. Was immer der Inhalt deines Erlebens auch sein mag, er wird willkommen geheißen und bewusst wahrgenommen, so wie er ist.

Nachdem der Inhalt deiner Erfahrung begrüßt worden ist und den ersten Schritt des Prozesses durchlaufen hat, wird er in die zweite Halle des Tempels der Selbstliebe, in die große Halle des Zulassens geführt. Dort erblickst du ein großes, rundes, mit Licht gefülltes Becken, das von riesigen Händen, deren Finger ineinander verschränkt sind, gehalten wird. Das ist das Gefäß des Zulassens, das dein inneres Gefäß darstellt, welches es dir ermöglicht, all deine Erfahrungen auf liebevolle Weise anzunehmen und in dir zu halten. Wenn du einmal Ja gesagt hast zum Zulassen deines Erfahrungsinhalts, dann taucht dieser in das Gefäß des Zulassens ein und wird von ihm genau so aufgenommen, gehalten und zugelassen, wie er ist.

Das eigentliche Zulassen geschieht von selbst

Das eigentliche Zulassen geschieht ganz von selbst. Du kannst es nicht forcieren oder erzwingen. Das wirkliche Zulassen ist kein willentlicher Akt. Es ist etwas, das spontan geschieht. Die Zulassens-Frage ist eine Art Einleitungsschritt, der dich zum eigentlichen Zulassen führt.

Du kannst das mit dem Vorgang des Gähnens vergleichen. Nehmen wir an, du entscheidest dich zu gähnen. Normalerweise leitest du das Gähnen ein, indem du die Augen schließt, was deine Aufmerksamkeit automatisch auf dein Körperinneres lenkt. Dann öffnest du deinen Mund weit und beginnst deine Atmung so zu verändern, dass dieses typische Gähngeräusch entsteht.

Währenddessen bleibst du in einer offenen und hingebungsvollen Haltung und wartest bewusst darauf, dass der eigentliche Gähnimpuls einsetzt und dich in ein sich voll entfaltendes Ganzkörpergähnen führt. Ein echtes Gähnen geht mit typischen Körpersignalen und Körperempfindungen einher – zum Beispiel mit intensiven Dehn- und Entspannungsbewegungen von Mund, Kiefer und Hals, die von tiefem Ein- und Ausatmen begleitet werden.

Ein ähnliches Phänomen können wir beim Zulassens-Schritt beobachten. Nachdem du bewusst Ja zum Zulassen deiner Erfahrung im Hier und Jetzt gesagt hast, bleibst du mit deiner Aufmerksamkeit ganz bei dir und beobachtest auf offene und empfängliche Weise, bis dein Bodymind innerlich Ja sagt zum Zulassen deiner Erfahrung. Sobald dein Bodymind zum Zulassen deiner Erfahrung Ja sagt, geschieht das eigentliche Zulassen ganz von selbst.

Der Zulassens-Schritt ist deshalb von so zentraler Bedeutung in der Kultivierung der Selbstliebe, weil eine sehr enge Verbindung zwischen Glücklichsein und Zulassen besteht, was die folgenden zwei Zitate zum Ausdruck bringen. Der amerikanische Motivationstrainer Werner Erhard hat gesagt:»Glücklichsein ist die Folge des Akzeptierens von dem, was ist.« Und der Schweizer Philosoph Denis de Rougemont[46] kam zu der Überzeugung:»Glücklichsein kann nur dort existieren, wo Akzeptanz herrscht.«

Jetzt hast du alle notwendigen Informationen erhalten, um weiter zum nächsten Kapitel zu gehen, in dem der dritte und letzte Schritt des Willkommens-Prozesses – das Wahrnehmen der körperlichen Veränderungen, der Bodyshift – erläutert wird.

KAPITEL 9

Den Bodyshift wahrnehmen – der dritte Schritt des Willkommens-Prozesses

Wer beobachtet, dem enthüllt sich alles.

Italienisches Sprichwort

Was verstehen wir unter »Bodyshift«?

Als Bodyshift bezeichnet man eine unwillkürliche körperliche Veränderung, die im Moment des eigentlichen Zulassens automatisch, also von selbst, geschieht.

Dieser dritte und letzte Schritt des Willkommens-Prozesses gibt dir eine physische Rückmeldung in Form eines deutlich erlebbaren Bodyshifts, der die körperzentrierte Natur dieser Methode bestätigt und zum Ausdruck bringt. Das Wahrnehmen des Bodyshifts ist keine intellektuelle Übung, sondern eine vollständige Körper-Geist-Erfahrung, die deine Wahrnehmung in deinem Körper im Hier und Jetzt zentriert.

Der Bodyshift ist ein klares Körpersignal (wie zum Beispiel plötzliches tiefes Atemholen, gähnen, seufzen, entspannen), das dir bestätigt, dass das eigentliche Zulassen soeben in deinem Bodymind stattgefunden hat. Du kannst den Bodyshift nicht willentlich erzeugen, da er ein spontanes Phänomen ist, das nicht deiner bewussten Kontrolle unterliegt. Wenn dein Bodymind innerlich zum Zulassen des Inhalts deiner gegenwärtigen Erfahrung Ja sagt, dann tritt automatisch eine klar wahrnehmbare Veränderung in deinem Körper auf: der Bodyshift.

Der Bodyshift, der durch die Selbstregulierungsmechanismen deines Bodyminds ausgelöst wird, ist die körperliche Bestätigung, dass dein Erfahrungsinhalt vollständig zugelassen wurde. Das Wahrnehmen des Bodyshifts ist also ein das Selbstbewusstsein unterstützender Feedback-Mechanismus, der dich darüber informiert, dass dein Bodymind deine Erfahrung im Hier und Jetzt vollständig zugelassen hat und dass der Prozess »funktioniert«.

Das Wahrnehmen des Bodyshifts ist der Rückmeldungsschritt des Willkommens-Prozesses, der dich über das spontane Körpersignal wissen lässt, dass das eigentliche Zulassen eingetreten ist – mit anderen Worten, dass dein Bodymind den Inhalt deiner Erfahrung vollständig zugelassen hat.

Die zwei Haupttypen des Bodyshifts
Eine spontane Veränderung deiner Atmung ist ein primärer Bodyshift. Alle anderen Veränderungen in deinem Körper sind sekundäre Bodyshifts.

Bodyshifts, die eine Veränderung in der Art, wie du atmest, bewirken, bezeichne ich als primäre Bodyshifts. Das sind die häufigsten und diejenigen, die am einfachsten wahrzunehmen sind. Alle anderen, die keine direkte Auswirkung auf deine Atmung haben, bezeichne ich als sekundäre Bodyshifts.

Primäre Bodyshifts
- Spontane, unwillkürliche Veränderungen in der Art, wie du atmest
  Zum Beispiel: plötzliches tieferes oder längeres Ein- oder Ausatmen aus dem Bauch- oder Brustbereich
- Unbeabsichtigte Geräusche, die von deiner Atmung ausgelöst werden oder sie begleiten
  Zum Beispiel: lachen, kichern, seufzen, stöhnen, rülpsen etc.
- Gähnen

Sekundäre Bodyshifts
- Entspannung (Veränderungen des Muskeltonus)
- Spontane, unwillkürliche Körperbewegungen wie zum Beispiel spontanes Zittern, Schütteln, Vibrations- oder Strömungsempfindungen
- Temperaturveränderungen (eine bestimmte Körperregion fühlt sich plötzlich wärmer oder kühler an)
- Gewichtsveränderungen (eine bestimmte Körperregion fühlt sich leichter oder schwerer an)
- Veränderungen des räumlichen Empfindens (eine bestimmte Körperregion fühlt sich weiter, kompakter oder fester an)
- Veränderung des »Präsenzempfindens« (du fühlst dich präsenter in deinem Körper oder in gewissen Bereichen deines Körpers)
- Unwillkürliche Körpergeräusche wie zum Beispiel Gurgeln, Knurren, Glucksen, Blubbern etc.

Beispiele für den Bodyshift aus verschiedenen
Willkommens-Sitzungen
- »Ich habe soeben einen tiefen Atemzug wahrgenommen.«
- »Ein Seufzer kam raus.«
- »Ich bin mir bewusst, dass ich eben ganz tief in meinen Bauch geatmet habe.«
- »Meine Atmung hat sich gerade verlangsamt.«
- »Meine Schultern haben sich entspannt und etwas gesenkt.«
- »Meine Hände werden wärmer.«
- »Mein Körper und besonders meine Arme fühlen sich leichter an.«
- »Der Raum in meiner Brust hat sich vergrößert.«
- »Meine Atmung fühlt sich freier und fließender an.«
- »Meine Beine sind auf einmal schwerer und kompakter.«
- »Ich höre ein glucksendes Geräusch im Bauch.«
- »Ich fühle mich präsenter im Körper.«

Anfänglich wirst du auf einen ruhigen Ort angewiesen sein, um deine Aufmerksamkeit auf dein Körperinneres zu lenken und den Bodyshift wahrzunehmen. Die meisten Menschen, die den Willkommens-Prozess direkt von mir lernen, sind allerdings überrascht, wie klar und eindeutig der Bodyshift spür- und erfahrbar ist, nachdem sie gelernt haben, langsam durch den Prozess zu gehen und ihre Körperempfindungen zu beobachten. Bei regelmäßiger Anwendung wird das Erkennen des Bodyshifts für dich zur zweiten Natur werden. Obwohl eine körperliche Veränderung manchmal ziemlich subtil sein kann, bleibt seine klare und angenehme Qualität erhalten, während sich die Veränderung in deinem Körper manifestiert.

Alle Bodyshifts sind wertvoll und gleichwertig, unabhängig davon, ob es sich um primäre oder sekundäre Bodyshifts handelt.

Während du lernst, die Veränderung im Körper wahrzunehmen, lenkst du deine Aufmerksamkeit zuerst auf die Atmung, denn Veränderungen des Atems sind am einfachsten zu bemerken. Ganz gleich, wie fein oder unbedeutend ein Bodyshift auch zu sein scheint, ist doch jeder wahrgenommene Bodyshift ein Erfolg.

Ein grundlegendes Bodymind-Prinzip

Immer wenn du deine Geisteshaltung änderst, verändert sich auch deine Atmung und ein primäres Körpersignal tritt auf (primärer Bodyshift). Immer wenn sich deine Atmung verändert, ändert sich auch deine Geisteshaltung und ein Mindshift tritt auf.

Durch das regelmäßige Wahrnehmen der körperlichen Veränderungen wirst du erkennen, dass sich alles, was sich in deinem Denken oder deiner Psyche abspielt, in deinem Körper widerspiegelt. Nehmen wir an, du würdest dir Sorgen wegen deiner finanziellen Situation machen. Wenn du dich in diesem Moment auf deinen Körper konzentrierst, wirst du spüren, dass sich deine Bauchregion angespannt hat und dass du flach und schnell atmest.

Kurz darauf ruft dich dein bester Freund an und sagt dir, dass er dich gern in dein Lieblingsrestaurant zum Essen einladen würde. Was erlebst du in diesem Moment? Wie verändert sich dein geistiger und körperlicher Zustand? Höchstwahrscheinlich spürst du Freude über die Einladung und bekommst einen innerlichen Energieschub.

Das stetige Wahrnehmen des Bodyshifts wird dich darin unterstützen, dir der intimen Beziehung zwischen deiner geistigen Verfassung und deinem Körper immer bewusster zu werden. Dann wird der Begriff Bodymind für dich nicht mehr nur ein abstraktes Konzept, sondern eine lebendige Erfahrung sein.

Zur Erinnerung

Der Willkommens-Prozess ist eine aus drei Schritten bestehende Methode. Aus diesem Grund ist es notwendig, dass du zuerst den ersten und zweiten Schritt lernst, bevor du zum dritten Schritt, dem Wahrnehmen der körperlichen Veränderungen, dem Bodyshift, gehst.

Wie nehme ich den Bodyshift wahr?

1. Lenke deine Aufmerksamkeit auf deinen Körper und beobachte deine Körperempfindungen und Körpersignale
Am einfachsten ist es, dich auf deine Atmung zu konzentrieren.

2. Nimm den Bodyshift wahr; während das eigentliche Zulassen geschieht – zum Beispiel eine Veränderung der Atmung.
Wenn du eine eindeutige Veränderung in deinem Körper spürst, dann hast du den Bodyshift wahrgenommen.

3. Schreib deine Antwort/deinen Bodyshift auf!
Zum Beispiel: tiefe Einatmung oder lange Einatmung

Ein Bodyshift genügt

Das Wahrnehmen eines primären oder sekundären Bodyshifts genügt, um den dritten Schritt des Willkommens-Prozesses abzuschließen.

Vielleicht nimmst du mehr als einen Bodyshift wahr, zum Beispiel Gähnen und Entspannung im Nacken-Schulter-Bereich. Aber ein Bodyshift reicht bereits aus, um den dritten Schritt des Prozesses zu vollenden. Auch ein subtiler, sekundärer

Bodyshift signalisiert dir, dass dein Körper auf den Zulassens-Schritt anspricht und deine Erfahrung vollständig zugelassen hat.

Wann ist das Wahrnehmen des Bodyshifts abgeschlossen?

Der folgende Punkt ist so wichtig, dass ich mir erlaube, ihn noch einmal zu wiederholen: Das Aufschreiben aller drei Schritte ist absolut zentral. Denn der Willkommens-Prozess kann seine volle Wirkung nur entfalten, wenn du ihn schriftlich ausführst – besonders, wenn du mit einem emotional stark aufgeladenen Thema konfrontiert bist. Halte dich bitte an diese Anweisung, da das Aufschreiben des Prozesses auch die Grundlage dafür bildet, die drei Schritte nur in deinem Kopf auszuführen, wenn du dich in einer stressigen Situation befindest.

In einer solchen Lage bist du darauf angewiesen, dass du mit dir auf bewusste und liebevolle Weise in Beziehung trittst. Denk daran, dass du dabei bist, eine neue Fähigkeit zu erlernen, und das braucht Übung und Wiederholung. Das Aufschreiben aller Schritte ist die Basis, um den Willkommens-Prozess und damit die Kunst der Selbstliebe zu meistern.

Praktische Beispiele für das Wahrnehmen des Bodyshifts

Es folgen zehn Beispiele für das Wahrnehmen des Bodyshifts, die ich aus verschiedenen Willkommens-Sitzungen herausgegriffen habe.

Beispiel 1
1. Schritt – willkommen heißen: »Ich kann einfach ich selbst sein, weil ich meiner inneren Wahrheit folge.«

2. Schritt – zulassen: Kannst du die Erfahrung zulassen, einfach du selbst zu sein, weil du deiner inneren Wahrheit folgst? Ja.
3. Schritt – wahrnehmen des Bodyshifts im Augenblick des eigentlichen Zulassens: Tiefer Atemzug und Gähnen.

Beispiel 2
1. Schritt – willkommen heißen: »Ich habe es satt, immer zu geben und andere zu unterstützen.«
2. Schritt – zulassen: Kannst du zulassen, dass du es satt hast, immer zu geben und andere zu unterstützen? Ja.
3. Schritt – wahrnehmen des Bodyshifts im Augenblick des eigentlichen Zulassens: tiefes Einatmen.

Beispiel 3
1. Schritt – willkommen heißen: »Ich fühle mich wertlos.«
2. Schritt – zulassen: Kannst du zulassen, dass du dich wertlos fühlst? Nein.
Stell dir eine der Nichtzulassens-Fragen: Kannst du dein Nichtzulassen zulassen? Ja.
3. Schritt – wahrnehmen des Bodyshifts im Augenblick des eigentlichen Zulassens: intensives Gähnen.

Beispiel 4
1. Schritt – willkommen heißen: »Ich sehne mich nach einem ganz besonderen Partner.«
2. Schritt – zulassen: Kannst du die Sehnsucht nach einem ganz besonderen Partner zulassen? Ja.
3. Schritt – wahrnehmen des Bodyshifts im Augenblick des eigentlichen Zulassens: tiefes Ausatmen und vertiefte Atmung.

Beispiel 5
1. Schritt – willkommen heißen: »Ich spüre Angst und Aufregung.«
2. Schritt – zulassen: Kannst du die Gefühle der Angst und Aufregung zulassen? Ja.
3. Schritt – wahrnehmen des Bodyshifts im Augenblick des eigentlichen Zulassens: tiefer Atemzug und Lächeln.

Beispiel 6
1. Schritt – willkommen heißen: »Ich will der Beste sein.«
2. Schritt – zulassen: Kannst du es zulassen, der Beste sein zu wollen? Ja.
3. Schritt – wahrnehmen des Bodyshifts im Augenblick des eigentlichen Zulassens: tiefer Atemzug und Entspannung im Nacken.

Beispiel 7
1. Schritt – willkommen heißen: »Ich bin ein guter Mensch, auch wenn ich nichts produziere.«
2. Schritt – zulassen: Kannst du die Erfahrung zulassen, ein guter Mensch zu sein, auch wenn du nichts produzierst? Ja.
3. Schritt – wahrnehmen des Bodyshifts im Augenblick des eigentlichen Zulassens: tiefer Atemzug und Entspannung im Bauch.

Beispiel 8
1. Schritt – willkommen heißen: »Dieser Prozess nimmt mir die Angst.«
2. Schritt – zulassen: Kannst du zulassen, dass dir dieser Prozess die Angst nimmt? Ja.
3. Schritt – wahrnehmen des Bodyshifts im Augenblick des eigentlichen Zulassens: größere Ruhe im Körper und (einige Sekunden später) ausgedehntes Gähnen.

Beispiel 9
1. Schritt – willkommen heißen: »Ich will, dass dieser Schmerz aufhört.«
2. Schritt – zulassen: Kannst du das Verlangen, dass der Schmerz aufhört, zulassen? Ja.
3. Schritt – wahrnehmen des Bodyshifts im Augenblick des eigentlichen Zulassens: tiefes Einatmen.

Beispiel 10
1. Schritt – willkommen heißen: »Ich denke an all diese schmerzlichen Erfahrungen.«
2. Schritt – zulassen: Kannst du den Gedanken an all diese schmerzlichen Erfahrungen zulassen? Ja.
3. Schritt – wahrnehmen des Bodyshifts im Augenblick des eigentlichen Zulassens: ein tiefer Seufzer.

Was machst du nach dem Wahrnehmen des Bodyshifts?

Nach dem Wahrnehmen des Bodyshifts und dem Aufschreiben deiner Antwort fährst du fort, indem du erneut zum Anfang gehst und die drei Schritte des Willkommens-Prozesses wiederholst:

1. den Willkommens-Schritt
2. den Zulassens-Schritt
3. das Wahrnehmen des Bodyshifts.

Wenn du den Bodyshift wahrgenommen und deine Antwort aufgeschrieben hast, ist der dritte Schritt des Willkommens-Prozesses abgeschlossen. Aber das ist nicht das Ende des tatsächlichen Prozesses. Der Willkommens-Prozess ist ein zyklischer Prozess, das heißt, du wiederholst die drei Schritte immer wieder von Neuem. Die Wirksamkeit dieser Methode liegt zum großen Teil in der fortlaufenden Wiederholung der drei Grundschritte.

Auf welche Weise die drei Schritte zusammenwirken, und wie oft du die drei Einzelschritte wiederholen solltest, bis du eine vollständige Willkommens-Sitzung durchlaufen hast, werde ich im nächsten Kapitel erläutern. Im Moment genügt es zu wissen, dass du nach dem Wahrnehmen des Bodyshifts weitergehst, indem du »zurück« zum Anfang gehst und erneut jeden der drei Grundschritte absolvierst und diese so aufschreibst wie in den obigen Beispielen.

Wie lange dauert es, bis sich körperliche Veränderungen einstellen?

Wie lange es dauert, ist individuell verschieden. Die meisten Praktizierenden nehmen den Bodyshift innerhalb von zehn Sekunden wahr, nachdem sie Ja zum Zulassen der Zulassens- oder Nichtzulassens-Frage gesagt haben. Das ist eine allgemeine Richtlinie. In seltenen Fällen kann es allerdings auch 20 oder sogar 30 Sekunden dauern. Solange du noch dabei bist, dich mit dem Willkommens-Prozess vertraut zu machen, dauert es etwas länger, da du höchstwahrscheinlich den ersten Bodyshift gar nicht bemerkst und erst den zweiten oder dritten wahrgenommen hast. Möglicherweise ist es auch neu für dich, deine Aufmerksamkeit auf deine Körperempfindungen zu lenken. Wie jede Beziehung so wächst und vertieft sich auch deine Beziehung zu deinem Körper mit der Zeit.

Ich möchte dich noch einmal an Folgendes erinnern: Der Bodyshift stellt sich ganz natürlich und spontan ein. Er kann nicht forciert oder erzwungen werden. Das eigentliche Zulassen kann nur zugelassen werden. Sobald das geschieht, ist der Bodyshift das natürliche Ergebnis. Sei also geduldig mit dir selbst, da du dabei bist, dir eine komplett neue Fähigkeit anzueignen. Es ist völlig in Ordnung, wenn du anfangs gar keine körperlichen Veränderungen bemerkst. Mit regelmäßiger Praxis wirst du den Bodyshift wahrnehmen.

Je öfter du den Willkommens-Prozess anwendest, desto leichter wird es dir fallen, den Bodyshift wahrzunehmen.

Eine Übung, um dich mit dem Wahrnehmen des Bodyshifts vertraut zu machen

Diese Übung gibt dir die Möglichkeit, das, was du eben über das Wahrnehmen des Bodyshifts gelesen hast, direkt zu erleben. Sie ist aber noch keine vollständige Willkommens-Sitzung, obwohl du durch alle drei Schritte des Willkommens-Prozesses geleitet wirst. Die zentrale Absicht dieser Übung besteht darin, die körperlichen Veränderungen im Augenblick des eigentlichen Zulassens wahrzunehmen. Es ist wichtig, dass du dich in einer relativ positiven und ausgeglichenen Verfassung befindest, wenn du diese Übung durchführst.

1. Nimm dein Selbstliebe-Tagebuch zur Hand und schreibe:
 . praktizieren der drei Schritte des Willkommens-Prozesses.
2. Wende den Willkommens-Schritt an.
3. Wende den Zulassens-Schritt an und mach weiter, bis du die Zulassens- oder die Nichtzulassens-Frage mit Ja beantwortet hast.
4. Kurz nachdem du Ja gesagt hast, lenke deine Aufmerksamkeit auf deinen Körper und gib auf deine Körperempfindungen und Körpersignale acht.

5. Jetzt beobachtest du einfach und nimmst den Bodyshift wahr, während das eigentliche Zulassen geschieht.
6. Schreib die Art des Bodyshifts auf, die du wahrgenommen hast.
7. Nun wiederhole die Schritte 2 bis 6, bis du die drei Schritte des Willkommens-Prozesses insgesamt zehnmal ausgeführt hast. Nummeriere die durchlaufenen Dreierschritte von 1 bis 10, analog zu den vorhergehenden Beispielen.

Nach dieser Übung wirst du dich mit dem Wahrnehmen körperlicher Veränderungen viel vertrauter fühlen. Gelegentlich kann es dennoch vorkommen, dass du keinen Bodyshift wahrnimmst. Wie kann so etwas geschehen und was machst du dann?

Wenn du keinen Bodyshift wahrnimmst
Manchmal sagen Teilnehmer, die dabei sind, den Willkommens-Prozess zu erlernen:»Dieses Mal hat sich kein Bodyshift eingestellt.« In solchen Fällen hat sich der Bodyshift so schnell eingestellt, dass der Betreffende ihn nicht bewusst wahrgenommen hat.

Häufig tritt der Bodyshift unmittelbar auf, nachdem du Ja zum Zulassen deiner Erfahrung gesagt hast oder während du die Zulassens-Frage aufschreibst. Du schreibst gerade »Kannst du dieses Gefühl ...« und innerlich hat dein Bodymind bereits Ja gesagt.

Das eigentliche Zulassen, der Bodyshift, ereignet sich also schon, bevor du die Zulassens- oder Nichtzulassens-Frage fertig aufgeschrieben hast. Und wenn du dann »endlich« Ja sagst – »Ja, ich kann meine Erfahrung zulassen« –, ist der Bodyshift »schon lange« vorher geschehen. Ein anderer Grund könnte sein, dass du noch nicht vollständig gelernt hast, deine Aufmerksamkeit auf deine Körperempfindungen zu richten, und deshalb den

Bodyshift oftmals noch verpasst. Du benötigst einfach noch etwas mehr Zeit und Geduld.

Sogar wenn jemand über Jahrzehnte ein kopflastiges Leben geführt hat, kann er lernen, seinen Körper bewusster zu bewohnen und die Körpersignale aufmerksamer wahrzunehmen. Auch du kannst lernen, dich mit immer größerer Bewusstheit in deinem Körper zu verankern, was die Intensität deines Erlebens enorm verstärken wird.

Was tun, wenn du keinen Bodyshift wahrnimmst?

Wenn du innerhalb einer Minute, nachdem du Ja zum Zulassen deiner Erfahrung gesagt hast, keine körperlichen Veränderungen wahrnimmst, stell dir bitte die Frage: »Kannst du die Erfahrung zulassen, dass du keinen Bodyshift wahrgenommen hast?«

Mit einiger Wahrscheinlichkeit löst das Zulassen des Nicht-Wahrnehmens des Bodyshifts automatisch ein Körpersignal in dir aus. Sollte das aber nicht der Fall sein, gehst du weiter zum ersten Schritt des Willkommens-Prozesses und stellst dir erneut die Willkommens-Frage.

Sobald du deinen ersten Bodyshift wahrgenommen hast, wird ein zweiter folgen und irgendwann wird dir das Wahrnehmen der körperlichen Veränderungen sehr leicht fallen. Und wenn du gelegentlich einen Bodyshift verpasst, stellst du dir einfach die Frage »Kannst du die Erfahrung zulassen, dass du keinen Bodyshift wahrgenommen hast?« und setzt den Prozess fort.

Nachdem du Ja zum Zulassen deiner Erfahrung gesagt hast, spürst du manchmal einen inneren Impuls, tief Luft zu holen, einen Seufzer auszustoßen, zu gähnen oder deinen Körper zu strecken. Indem du diesen Impulsen folgst, löst du automatisch einen Bodyshift aus.

Mehrere Bodyshifts

Oft bemerkst du mehr als nur einen Bodyshift. In diesem Fall sprechen wir von mehreren oder multiplen Bodyshifts. In der Regel folgen diese aufeinander, sind also sozusagen wie die einzelnen Perlen einer Perlenkette aneinandergereiht. Manchmal geschehen sie auch gleichzeitig.

Multiple, aufeinanderfolgende Körpersignale können sich auf folgende Weise manifestieren: Erst holst du tief Luft, dann entspannt sich die linke Schulter, kurz darauf spürst du, wie sich im Oberkörper Wärme ausbreitet, was von einem Lächeln begleitet wird. Es spielt keine Rolle, ob du den ersten oder den letzten der multiplen Bodyshifts wahrnimmst. Entscheidend ist lediglich, dass du einen Bodyshift wahrnimmst und diesen aufschreibst, denn damit erfüllst du den dritten Schritt des Willkommens-Prozesses.

Vielleicht erlebst du auch ausgedehnte oder sich wiederholende Bodyshifts, zum Beispiel musst du möglicherweise mehrere Male gähnen und es scheint einfach nicht aufzuhören. Das ist völlig in Ordnung. Folge einfach der Weisheit deines Bodyminds, denn er weiß genau, was er braucht, um sich ins Gleichgewicht zu bringen.

Jetzt noch zwei Beispiele für multiple Bodyshifts aus zwei Willkommens-Sitzungen:
– »Ein tiefer Atemzug füllt meine ganze Brust aus und danach beginne ich zu gähnen.«
– »Mein Kiefer taut auf, er wird weicher. Dann bemerke ich ein tiefes Einatmen, gefolgt von einem Seufzer.« (Oft erfolgt der Seufzer mit der Ausatmung.)

Gähnen ist ein starker Bodyshift

Gähnen ist für deinen Bodymind eine sichere und wirkungsvolle Möglichkeit, »alte« Anspannungen und Blockaden umzuwandeln, sie zu harmonisieren und zu neutralisieren.

Kannst du dich an einen Tierfilm erinnern, in dem ein riesiger männlicher Löwe auf dem Bauch liegt und sein Maul so weit wie möglich öffnet, um ein großartiges Gähnen zuzulassen? Der Löwe ist vollständig präsent und bewusst, während er die lustvollen Körperempfindungen mit jeder Faser seines Körpers genießt. Leider wird Gähnen in der Gegenwart einer anderen Person in unserer Kultur als unhöflich angesehen. Gähnen wird als ein Ausdruck von Langeweile oder Müdigkeit betrachtet, obwohl die Wissenschaft diesen Zusammenhang nie nachweisen konnte. Mit Sicherheit lässt sich sagen, dass Gähnen ansteckend wirkt und bei Wirbeltieren, Fischen, Vögeln und Säugetieren auftritt.

Die folgenden Auszüge aus dem Artikel »Das unglaublich ansteckende Gähnen« bestätigen einige meiner eigenen Beobachtungen betreffend der Wirkung des Gähnens: »Tatsächlich besteht eine wichtige Funktion des Gähnens darin, unseren Verhaltenszustand zu verändern ... Gemäß dem Psychologen Olivier Walusinski erhöht Gähnen unsere Innenschau und die Sensitivität für die Vorgänge in unserem Körper ... Gähnen verändert unser mentales Selbstbild und verstärkt unsere Wachheit und Selbstwahrnehmung.«[47]

Das intensive, ausgedehnte Gähnen, das durch den Willkommens-Prozess ausgelöst werden kann, ist wirklich ein Genuss, weil es alte Spannungen löst, und ich genieße es jedes Mal in vollen Zügen. Ich empfehle dir vor allem, deine Aufmerksamkeit auf die entspannende Nachwirkung des Gähnens in deinem Bodymind zu richten. Obwohl ich hier ausführlich auf die positive

Wirkung des Gähnens eingehe, heißt das nicht, dass Gähnen den anderen Bodyshifts überlegen ist. Alle Formen körperlicher Veränderungen sind gleich wichtig.

Es macht wirklich Spaß zu versuchen, jemand anderen zum Gähnen zu bringen. Als Kind habe ich dieses Spiel so lange mit meiner Großmutter gespielt, bis sie mich gebeten hat, damit aufzuhören. Genieße das Gähnen einfach und erforsche es mit der Neugier eines Kindes.

Noch einmal zur Erinnerung: Alle Bodyshifts sind bedeutungsvoll und gleichwertig. Bei der Anwendung des dritten Schritts des Willkommens-Prozesses zählt ausschließlich, dass du einen Bodyshift wahrnimmst.

Das Wahrnehmen des Bodyshift ist ein Weg zur Verkörperung der Selbstliebe

Das Wahrnehmen körperlicher Veränderungen – der Bodyshift – stellt eine Methode dar, um dich zu zentrieren und in deinem Körper bewusst präsent zu sein.

Der dritte Schritt, das Wahrnehmen körperlicher Veränderungen, dient dazu, deine Aufmerksamkeit in deinem Körper zu verankern, indem du sie immer wieder auf deine Körperempfindungen und Körpersignale lenkst. Auf diese Weise wirst du immer zentrierter und präsenter in deinem Körper. Der Willkommens-Prozess ist eine körperzentrierte Methode, da sie den Neocortex, den bewussten Aspekt des Gehirns, sowie das Reptiliengehirn, den instinktiven, körperlichen Bereich deines Biocomputers, mit einbezieht.

Das Reptiliengehirn repräsentiert das innere Tier, die primitive Seite in dir, die auf nonverbale, instinktive Weise kommuniziert. Das Tier in dir drückt sich durch Körperempfindungen,

Körpersignale, Gesten und Körperhaltungen aus. Angenehme oder wohlige Körperempfindungen, wie zum Beispiel ein tiefer Atemzug oder muskuläre Entspannung, teilen dir mit, dass sich dein inneres Tier sicher und entspannt fühlt. Andererseits zeigen dir unangenehme oder schmerzhafte körperliche Empfindungen, wie zum Beispiel schnelle und flache Brustatmung, Verspannungen oder Muskelkrämpfe, deutlich, dass sich der instinktive Teil in dir bedroht, gestresst und nicht mehr sicher fühlt.

Das regelmäßige Wahrnehmen körperlicher Veränderungen hilft dir, dich in deinem Körper zu zentrieren und mit deinem inneren Tier bewusst in Kontakt zu treten und seine intuitiven Mitteilungen zu hören. Diese können sich als Bauchgefühl oder inneres Wissen ausdrücken. Das Wahrnehmen des Bodyshifts verstärkt und unterstützt auf ganz natürliche Weise diese Intuitionen und inneren Signale in dir.

Das Wahrnehmen des Bodyshifts, der dritte Schritt des Willkommens-Prozesses, verankert die Selbstliebe, die Kunst, dich selbst zu lieben, in deinem Körper.

Hiermit beende ich meine Ausführungen über das Wahrnehmen des Bodyshifts. Im nächsten Kapitel werde ich dir den Willkommens-Kreislauf vorstellen. Damit werden hoffentlich alle noch offenen Fragen zur Anwendung der drei Schritte des Willkommens-Prozesses beantwortet werden.

KAPITEL 10

Das Herz des Willkommens-Prozesses: der Willkommens-Kreislauf

Das wahre Glück hängt davon ab, wie sehr du dich selbst liebst.
Wenn du dich selbst liebst, kannst du auch andere lieben.

Swami Sri Kaleshwar[48]

Der Willkommens-Prozess ist ein kraftvolles, in sich rundes System. Die versteckte Kraft dieser Methode liegt in der zyklischen und fortlaufenden Anwendung der drei Grundschritte. Jedes Lebensthema oder Problem, mit dem du in deinen Willkommens-Sitzungen arbeitest, wird automatisch anfangen, sich zu transformieren und zu harmonisieren.

Der Willkommens-Kreislauf

Der Willkommens-Kreislauf ist das Herzstück – die zentrale Technik – des Willkommens-Prozesses. Die folgende Illustration soll die essenzielle Technik des Willkommens-Prozesses veranschaulichen. Sie soll dir helfen zu verstehen, wie die drei Schritte in einem einzigen Kreislaufsystem zusammenwirken. Der Willkommens-Kreislauf ist eine vereinfachte Darstellung und gleichzeitig eine Zusammenfassung aller Informationen, die du benötigst, um selbst eine Willkommens-Sitzung durchzuführen.

183

Der Willkommens-Kreislauf™

Wenn du durch jeden der drei Grundschritte des Willkommens-Prozesses gehst, durchläufst du einen Willkommens-Kreislauf.

Die Plateauphase

Wenn du im Verlauf einer Willkommens-Sitzung einen Erfahrungsinhalt wahrnimmst, bei dem du dich wohl und entspannt fühlst, hast du ein Plateau erreicht.

Normalerweise beginnst du eine Willkommens-Sitzung, indem du ein bestimmtes Thema auswählst, das ich Sitzungsthema nenne. Ein solches Sitzungsthema könnte beispielsweise Stress am Arbeitsplatz, Geldsorgen, Beziehungskonflikte, schlechte Laune oder irgendeine Situation, die dich emotional aufwühlt, sein. Ein Sitzungsthema beginnt meistens mit einem unangenehmen oder belastenden Erfahrungsinhalt.

Mit jedem Willkommens-Kreislauf beginnt sich die Anfangserfahrung automatisch zu transformieren und letztendlich zu harmonisieren, was dich gleichzeitig zu einem Plateau bringt. Das Erreichen eines Plateaus bedeutet, dass du in deiner Willkommens-Sitzung an einen Punkt gelangt bist, an dem du mit deiner Erfahrung im Hier und Jetzt einverstanden bist. Ein Plateau wird von Gefühlen der Leichtigkeit, des inneren Friedens oder ganz einfach des Wohlbefindens begleitet. Das Plateau ist die Ruhe- oder Entspannungsphase des Willkommens-Prozesses.

Das Plateau ist die friedliche Ruhephase, zu der du ganz natürlich gelangst, nachdem du durch eine gewisse Anzahl von Willkommens-Kreisläufen gegangen bist.

Was tust du, wenn du ein Plateau erreicht hast?

Die Plateauphase ist eine Zeit der Orientierung und der Überprüfung. Wenn du zu einem Plateau kommst, ist es an der Zeit, den Willkommens-Prozess anzuhalten und eine Pause zu machen. Entspanne dich und lenke deine Aufmerksamkeit zurück auf die Außenwelt, indem du die Formen, Farben und Strukturen der

Objekte in deiner Umgebung anschaust. Auf diese Weise orientierst du dich und machst dich erneut mit deiner Umwelt vertraut, während du die Veränderungen in deiner Gesamtverfassung geschehen lässt.

Die Orientierung ist eine direkte Einladung an dein Nervensystem, eine Brücke zwischen dem Erleben deiner Innen- und Außenwelt herzustellen und dadurch ein natürliches Gleichgewicht zwischen den beiden herzustellen. In diesem Sinne ist das Plateau nicht nur eine Ruhephase, sondern auch eine Integrationsphase, die es dir ermöglicht, die harmonisierenden Nachwirkungen des Willkommens-Prozesses bewusst in dich aufzunehmen, dir genügend Zeit zu geben, dich umzuschauen und dich neu zu orientieren. Das ist sehr wichtig, da dein Fokus während der Willkommens-Sitzung stark nach innen gerichtet ist und dadurch von der Außenwelt abgezogen wird.

Nachdem du deine Orientierung wiedererlangt hast, dir der Außenwelt wieder vollkommen bewusst bist und dich gut geerdet in deinem Bodymind fühlst, ist der Moment gekommen, in dem du dich fragen wirst, ob du mit dem Willkommens-Prozess weitermachen willst oder ob du ihn beenden möchtest.

Dein Körper kann dir helfen, diese Entscheidung zu treffen. Wenn sich dein Körper beim Gedanken, den Prozess fortzusetzen, unwohl fühlt, wenn er sich anspannt oder unruhig wird, weißt du, dass er dir mitteilen will, dass es richtig ist, die Sitzung zu beenden. Mit zunehmender Erfahrung wird es dir immer leichter fallen, deine Körpersignale zu verstehen und dementsprechend zu handeln.

Es ist entscheidend, deine eigenen Grenzen zu respektieren, auf deinen Körper zu hören und nicht gegen die Signale anzukämpfen, die aus deinem Inneren kommen. So gibst du dir immer genügend Zeit und Raum, um die Veränderungen, die durch eine Willkommens-Sitzung ausgelöst werden, zu integrieren. Denke daran, dein Bodymind verfügt über seine eigene innere Intelligenz, und er weiß genau, wie viel Veränderung auf einmal er handhaben kann.

Wenn du zu einem Plateau kommst ...

... machst du eine Pause, lehnst dich zurück, schaust umher und orientierst dich in deiner Umgebung. Sobald du dich vollständig zentriert fühlst, spürst du in deinen Körper hinein und entscheidest, ob es sich stimmiger anfühlt, die Sitzung zu beenden oder mit einem neuen Willkommens-Kreislauf fortzufahren.

Orientieren: Folge bewusst deinen Augen

Um den Vorgang des Orientierens besser zu verstehen, kannst du dir einen Hund vorstellen, der frei durch das hohe Gras einer Naturwiese streift. Der Hund folgt ausschließlich den interessanten Düften, die seine Nase aufspürt. Auf die gleiche Weise lässt du deine Augen umherschweifen und sie einfach das anschauen, wovon sie sich angezogen fühlen. Statt deine Augen auf ein bestimmtes Objekt zu richten, beobachte einfach, wie es deine Augen genießen, frei umherzuwandern.

Einer der Teilnehmer an meinen Seminaren beschreibt das auf die folgende Weise: »Orientieren ist eine andere Art des Schauens. Es ist nicht das Anschauen von Gegenständen. Es ist vielmehr ein Präsentsein mit den Dingen. Diese Art des Sehens hilft mir, meine innere Erfahrung der Außenwelt zu integrieren.«

Um eine vollständige Willkommens-Sitzung durchführen zu können, ist es wesentlich, dass du so lange mit dem Prozess weitermachst, bis du ein Plateau erreicht hast. Ein wichtiges Sicher-

187

heitsventil des Willkommens-Prozesses besteht darin, dass du so viele Willkommens-Kreisläufe durchläufst, bis du zu einem Plateau kommst. Dieses Vorgehen gewährleistet, dass du den Willkommens-Prozess erst dann beendest, wenn du dich gut orientiert, gut geerdet und ausgeglichen fühlst. Um eine aufgeschriebene Willkommens-Sitzung vollständig abzuschließen, fährst du mit dem Prozess fort, bis du zu einem Plateau kommst.

Wie erkenne ich ein Plateau?

Während du noch dabei bist, die einzelnen Schritte dieses Prozesses zu erlernen, kann es sein, dass du den Moment, in dem sich ein Plateau einstellt, noch nicht erkennst. Das ist völlig normal, denn jeder hat seine eigene Lernkurve. Hab Geduld mit dir. Sobald du einige Willkommens-Kreisläufe durchlaufen hast, wird die Plateauphase für dich greifbarer werden. Manchmal wird dir vollkommen klar sein, dass du ein Plateau erreicht hast, manchmal wirst du es kaum bemerken. Im Verlauf einer ausgedehnten Willkommens-Sitzung wirst du mehrere Plateaus erleben. Es gibt also keinen Grund zur Sorge, wenn du ein Plateau verpasst. Mach einfach weiter und gehe durch weitere Willkommens-Kreisläufe. Das nächste Plateau kommt bestimmt!

Ich empfehle dir, die Beispiele vollständiger Willkommens-Sitzungen in diesem und den kommenden Kapiteln genau zu lesen, damit du ein klares Verständnis und vor allem ein klares Gefühl dafür gewinnst, was ein Plateau ist. Die nächste Sitzung ist ein Beispiel dafür, wie dich der Willkommens-Prozess zu zahlreichen Plateaus führen kann, die du auf folgende Weise nummerieren kannst: 1. Plateau, 2. Plateau, 3. Plateau etc.

Eine vollständige Willkommens-Sitzung

Das nachfolgende Protokoll einer Sitzung enthält alle theoretischen Informationen über den Willkommens-Prozess, die du bis zu diesem Punkt erhalten hast. Ich bitte dich, die Willkommens-Sitzung äußerst aufmerksam zu lesen. So wirst du verstehen und fühlen, wie der Prozess als Ganzes abläuft. Als erste Sitzung habe ich absichtlich ein psychologisch intensives Thema ausgesucht, damit du siehst, dass dir diese Methode auch helfen kann, wenn du mit einem emotional geladenen Inhalt konfrontiert bist. Wenn du einmal die einzelnen Schritte des Prozesses gemeistert hast, wirst du erkennen, dass du auch ziemlich anspruchsvollen Themen auf relativ leichte und elegante Art begegnen kannst.

Lou umarmt ihre Angst

Lou hatte mich aufgesucht, um ihr mit der Angst vor dem kommenden Krankenhausaufenthalt zu helfen. Sie konnte wegen einer großen Operation, die in zwei Wochen stattfinden sollte, nicht mehr richtig schlafen. Es war nicht das erste Mal, dass sie sich einer Anästhesie unterziehen musste, trotzdem hatte sie Angst, dass etwas schiefgehen könnte. Lou war bereits mit dem Willkommens-Prozess vertraut, allerdings empfand sie es als zu schwierig, diesen Prozess allein anzuwenden. Aus diesem Grund bat sie mich, mit ihr einen vollständigen Prozess zu machen und sie durch die einzelnen Schritte zu führen.

Sitzungsthema: Geplante Operation verbunden mit
Druckempfindung auf der Brust

1   1. Schritt – willkommen heißen: »Ich erinnere mich an frühere Operationen.«
2. Schritt – zulassen: Kannst du diese Erinnerung an frühere Operationen zulassen?« Ja.
3. Schritt – wahrnehmen des Bodyshifts im Augenblick des eigentlichen Zulassens: Seufzer.

2   1. Schritt – willkommen heißen: »Ich fühle Trauer.«
2. Schritt – zulassen: Kannst du deine Trauer zulassen? Ja.
3. Schritt – wahrnehmen des Bodyshifts im Augenblick des eigentlichen Zulassens: Atmung beschleunigt sich.

3   1. Schritt – willkommen heißen: »Ich fühle mich losgelöst von allem.«
2. Schritt – zulassen: Kannst du das Gefühl zulassen, dass du dich losgelöst von allem fühlst? Ja.
3. Schritt – wahrnehmen des Bodyshifts im Augenblick des eigentlichen Zulassens: Gähnen.

4   1. Schritt – willkommen heißen: »In meiner Brust fühlt es sich leichter an.«
2. Schritt – zulassen: Kannst du das Gefühl der Leichtigkeit in deiner Brust zulassen? Ja.
3. Schritt – wahrnehmen des Bodyshifts im Augenblick des eigentlichen Zulassens: fortgesetztes Gähnen.

1. Plateau

»In diesem Moment bin ich froh, dass sich meine Brust leichter anfühlt.«

Lou realisiert, dass sie ein Plateau erreicht hat. Sie orientiert sich, indem sie sich im Zimmer umschaut. Nachdem sie sich wieder zentriert und vollständig geerdet im Hier und Jetzt fühlt, entscheidet sie sich, den Prozess fortzusetzen.

5   1. Schritt – willkommen heißen: »Ich fühle mehr Mut.«
2. Schritt – zulassen: Kannst du es zulassen, mehr Mut zu fühlen?« Ja.
3. Schritt – wahrnehmen des Bodyshifts im Augenblick des eigentlichen Zulassens: Gähnen.

6   1. Schritt – willkommen heißen: »Ich fühle mich innerlich entspannter.«
2. Schritt – zulassen: Kannst du diese innerliche Entspannung zulassen? Ja.
3. Schritt – wahrnehmen des Bodyshifts im Augenblick des eigentlichen Zulassens: tiefer Atemzug und noch mehr Gähnen.

7   1. Schritt – willkommen heißen: »Ich fühle größere Entspannung in der Brust.«
2. Schritt – zulassen: Kannst du diese größere Entspannung in deiner Brust zulassen? Ja.
3. Schritt – wahrnehmen des Bodyshifts im Augenblick des eigentlichen Zulassens: Gähnen.

8   1. Schritt – willkommen heißen: »Meine Angst löst sich auf.«

2. Schritt – zulassen: Kannst du zulassen, dass sich deine Angst auflöst? Ja.

3. Schritt – wahrnehmen des Bodyshifts im Augenblick des eigentlichen Zulassens: fortgesetztes Gähnen und Beruhigung im ganzen Körper.

2. Plateau

»Ich fühle, dass ich mich jetzt auf die Operation freuen kann. Es fühlt sich wie eine Befreiung an. Ich sehe mich gesund. In diesem Moment fühle ich mich sehr zentriert. Ich atme aus dem Zentrum meines Körpers, anders als vorher, wo es mir schien, als würde ich irgendwo außerhalb meines Körpers schweben. Mein Bauch und meine Brust fühlen sich weicher an … Ich fühle inneren Frieden. In diesem Zustand möchte ich die Sitzung beenden.«

Sitzungszeit: 15 Minuten

Der Schneeballeffekt

So wie jeder Willkommens-Kreislauf auf dem vorhergehenden aufbaut, so tut es auch jede Willkommens-Sitzung. Der Willkommens-Prozess ist ein kumulativer Vorgang, der sich immer weiter vertieft und ausdehnt. Mit jeder weiteren Willkommens-Sitzung kultivierst du die Kunst der Selbstliebe. Dabei nimmst du deine Realität als Mensch mit all seinen Erfahrungen immer mehr an. Dieser Ansatz mag durchaus radikal erscheinen, speziell in einer Welt, die so viele Ansprüche an uns stellt und in uns gelegentlich Gefühle der Überforderung und Ohnmacht auslöst.

Gleichzeitig erweiterst du mit jedem zusätzlichen Willkommens-Kreislauf die Fähigkeit, mit deiner Erfahrung im Hier und

Jetzt auf bewusste und liebevolle Weise in Beziehung zu treten. Stell dir als Vergleich einen Schneeball vor, der mit jeder Umdrehung größer wird. Analog gilt: Je mehr Willkommens-Kreisläufe du durchläufst, desto mehr nimmt deine Fähigkeit zu, dich selbst zu lieben und das Leben so anzunehmen, wie es ist.

Selbstregulation

Selbstregulation ist ein intelligenter Prozess deines Bodyminds, der automatisch jeden Erfahrungsinhalt, den du willkommen heißt und zulässt, umwandelt. So wie dein physischer Körper über einen Selbstregulierungsmechanismus verfügt, der als Homöostase bezeichnet wird, so verfügt deine Psyche über einen eigenen Mechanismus, der dir hilft, dein inneres Gleichgewicht aufrechtzuerhalten oder wiederzuerlangen, wenn du dich aufgewühlt oder beunruhigt fühlst. Mit anderen Worten: Dein Bodymind wird immer versuchen, einen Zustand anzustreben, der sein optimales Funktionieren gewährleistet. Selbstregulation ist ein natürlicher und unwillkürlicher Vorgang, der vom autonomen Nervensystem – dem Zentrum aller unbewussten Funktionen deines Bodyminds – gesteuert wird.

Selbstregulation ist die intelligente treibende Kraft hinter dem Willkommens-Prozess, die alles befreit, was blockiert und festgefahren ist, und auf ganz natürliche Weise den Fluss und die Harmonie deines Bodyminds wiederherstellt.

Die Selbstregulation deines Bodyminds transformiert und harmonisiert all deine Erfahrungen. Jedes Mal, wenn du deine Erfahrung im Hier und Jetzt willkommen heißt und zulässt, beginnt sich der eigentliche Inhalt automatisch und ganz natürlich zu transformieren und zu harmonisieren. Du musst nichts weiter tun, als mit dem zu sein, was ist. Dieser Prozess ist so gestaltet,

193

dass er dir hilft, direkt mit der selbstregulativen Intelligenz in dir in Kontakt zu kommen.

Die Selbstregulation ist der transformierende und harmonisierende Effekt des Willkommens-Prozesses. Mit jedem weiteren Willkommens-Kreislauf wird der Inhalt deiner Erfahrung zunehmend transformiert, bis er sich schließlich so weit harmonisiert hat, dass du dich ruhig, ausgeglichen und entspannt fühlst. Diese Tatsache kannst du ganz einfach überprüfen, indem du deine neu gewonnene Plateauerfahrung mit der Ausgangserfahrung zu Beginn der Willkommens-Sitzung vergleichst, als du dich entschieden hattest, mit dem von dir ausgewählten Sitzungsthema zu arbeiten.

Der Selbstregulationsmechanismus deines Bodyminds ist verantwortlich für das eigentliche Zulassen, das wiederum den Bodyshift hervorruft.

Dieser Prozess ist keine laute und expressive Methode, sondern vielmehr ein stiller, innerlicher und intimer Vorgang. Im Moment des eigentlichen Zulassens, in dem du den Bodyshift wahrnimmst, gibst du dich ganz automatisch und natürlich dem Harmonisierungseffekt des Willkommens-Prozesses hin.

Der Bodyshift ist die körperliche Bestätigung, dass die Transformation in deinem Bodymind geschehen ist.

Der Willkommens-Prozess ist intelligent

Der Willkommens-Prozess verfügt über eine eigene Intelligenz, die sich in seiner transformierenden und harmonisierenden Qualität ausdrückt. Du wirst nie im Voraus wissen können, welche Erfahrungsinhalte auftauchen werden, während du die zahlreichen Willkommens-Kreisläufe durchläufst. Obwohl dir der Prozess vielleicht simpel erscheint, drückt sich in seiner Anwendung eine Eleganz aus, die äußerst präzise und gezielt auf die Bedürfnisse deines Bodyminds eingeht.

Wenn ich den Willkommens-Prozess anwende, bin ich jedes Mal von Neuem überrascht, auf welche Weise ich zum nächsten Plateau gelange. Eine enorme Vielfalt an Erfahrungsinhalten taucht in einer Weise auf, die ich nicht hätte vorhersagen können. Der Prozess hat seine eigene Logik und dennoch bringt er mich zu einem Plateau – zu innerer Entspannung, einem Gefühl des Friedens und innerer Harmonie.

Meine Erfahrung hat mir gezeigt, dass es immer noch eine tiefere Ebene des Wohlbefindens gibt. Früher oder später komme ich immer an einen Punkt, an dem ich größeren Frieden spüre und mehr Liebe für mich und das Sitzungsthema empfinde. Oftmals gelange ich sehr schnell dorthin – schon nach zwei oder drei Kreisläufen –, aber gelegentlich brauche ich auch zehn oder mehr Kreisläufe. Jede Sitzung ist neu und anders. Dein Verstand kann nicht wissen, wie eine Sitzung ablaufen wird und was die genaue Auswirkung sein wird. In dem Wissen, dass der Willkommens-Prozess eine eigene Intelligenz und Vorgehensweise hat, musst du also nicht länger versuchen, sie zu verstehen. Es genügt vollkommen, einfach mit dem Prozess zu beginnen und die Willkommens-Kreisläufe so lange zu wiederholen, bis du zu einem Plateau kommst. Die Transformation und Harmonisierung des Sitzungsthemas wird von allein geschehen.

Der Willkommens-Prozess transformiert deine Schattenflecken
Die Transformation deiner Schattenflecken führt dich zu einer immer tieferen Realisierung der Präsenz deiner Inneren Sonne – der Quelle der Liebe und des Glücks in dir. Die beständige Anwendung des Willkommens-Prozesses wird nach und nach im-

mer mehr von deinen Schattenflecken transformieren und harmonisieren. Demzufolge wird sich deine Schattenschicht allmählich aufhellen, wodurch sie immer durchlässiger für das Licht deiner Inneren Sonne und ihrer essenziellen Qualitäten wird.

Die einfachste Möglichkeit, die selbstregulative Wirkung des Willkommens-Prozesses zu erleben, besteht darin, ein Alltagsproblem zu deinem Sitzungsthema zu machen und es in einer Willkommens-Sitzung durchzuarbeiten. Sobald du beim letzten Plateau angelangt bist, hältst du einen Moment lang inne und vergleichst deinen jetzigen Zustand mit dem zu Beginn der Sitzung. Der Unterschied, den du in der Qualität deiner Gesamtverfassung feststellst, hat direkt mit dem Selbstregulationseffekt des Willkommens-Prozesses zu tun.

Du kannst die gewinnbringenden Aspekte dieses Prozesses sowie deine Motivation für die Kultivierung der Selbstliebe verstärken, indem du die positiven Veränderungen, die du erlebst, in deinem Selbstliebe-Tagebuch aufschreibst. Beim Lesen der Protokolle der folgenden Willkommens-Sitzungen wirst du feststellen, dass sich bei allen, die diesen Prozess anwenden, ganz natürlich positive Resultate einstellen.

Darren stellt sich seinem emotionalen Ballast

Diese Sitzung wurde am Telefon durchgeführt. Kurz vor Sitzungsbeginn sagte Darren: »Ich bin so voll mit angestauten Emotionen, dass ich Angst habe, zu explodieren oder zusammenzubrechen, wenn ich diese nicht bald entladen kann.« Ich fragte ihn, ob er durch eine vollständige Willkommens-Sitzung geführt werden möchte. Nachdem er dies bejaht hatte, führte ich ihn Schritt für Schritt durch den Prozess. Es folgt nun die Zusammenfassung von Darrens Sitzung.

Sitzungsthema: »Erschöpfung«

1   1. Schritt – willkommen heißen:»Ich fühle mich hoffnungslos und voller Resignation.«
2. Schritt – zulassen: Kannst du das Gefühl der Hoffnungslosigkeit und Resignation zulassen?« Nein.
Stell dir eine der Nichtzulassens-Fragen: Kannst du dein Nein zulassen? Ja.
3. Schritt – wahrnehmen des Bodyshifts im Augenblick des eigentlichen Zulassens: tiefes Ausatmen.

2   1. Schritt – willkommen heißen:»Jetzt fühle ich Angst.«
2. Schritt – zulassen: Kannst du deine Angst zulassen? Ja.
3. Schritt – wahrnehmen des Bodyshifts im Augenblick des eigentlichen Zulassens: tiefer Seufzer.

3   1. Schritt – willkommen heißen:»Ich nehme ein Gefühl der Ruhe und des Friedens wahr.«
2. Schritt – zulassen: Kannst du das Gefühl der Ruhe und des Friedens zulassen?« Ja.
3. Schritt – wahrnehmen des Bodyshifts im Augenblick des eigentlichen Zulassens: Atmung verlangsamt sich.

1. Plateau

Nach drei Minuten erreicht Darren sein erstes Plateau. Daraufhin bitte ich ihn, sich zu orientieren. Er sagt:»Es ist eigenartig, der Beobachter meiner eigenen Augen zu sein und bewusst wahrzunehmen, wie sie sich im Raum umschauen.«

Während des Orientierens gähnt er fortwährend.»Ich fühle mich ganz anders. Eine wirkliche Veränderung ist geschehen, obwohl wir nur durch drei Kreisläufe gegangen sind.«

Darren entscheidet sich, den Prozess fortzusetzen, weil er hinter diesem Frieden noch mehr spürt, das er willkommen heißen möchte.

4 1. Schritt – willkommen heißen: »Ich fühle mich sehr müde und schläfrig.«
2. Schritt – zulassen: Kannst du das Gefühl der Müdigkeit und Schläfrigkeit zulassen? Nein.
Stell dir eine der Nichtzulassens-Fragen: Kannst du dein Nichtzulassen zulassen? Nein. (2. Nein)[49]

5 1. Schritt – willkommen heißen: »Mein Verlangen zu schlafen kann ich nicht akzeptieren.«
2. Schritt – zulassen: Kannst du zulassen, dass du dein Verlangen zu schlafen nicht akzeptieren kannst? Nein.
Stell dir eine der Nichtzulassens-Fragen: Kannst du deinen Widerstand zulassen? Ja.
3. Schritt – wahrnehmen des Bodyshifts im Augenblick des eigentlichen Zulassens: Meine Schultern entspannen und senken sich.

6 1. Schritt – willkommen heißen: »Ich habe Hunger.«
2. Schritt – zulassen: Kannst du deinen Hunger zulassen? Ja.
3. Schritt – wahrnehmen des Bodyshifts im Augenblick des eigentlichen Zulassens: tiefes Einatmen.

7 1. Schritt – willkommen heißen: »Ich fühle mich gelangweilt.«
2. Schritt – zulassen: Kannst du die Langeweile zulassen? Nein.

Stell dir eine der Nichtzulassens-Fragen: Kannst du dein Nein zulassen? Ja.
3. Schritt – wahrnehmen des Bodyshifts im Augenblick des eigentlichen Zulassens: Atmung vertieft sich.

8   1. Schritt – willkommen heißen:»Mein Körper und meine Atmung fühlen sich voneinander getrennt.«
2. Schritt – zulassen: Kannst du diese Trennung zulassen? Nein.
Stell dir eine der Nichtzulassens-Fragen: Kannst du dein Nichtzulassen zulassen? Nein. (2. Nein)

9   1. Schritt – willkommen heißen:»Meine Zähne sind aufeinandergepresst und meine Stirn pocht.«
2. Schritt – zulassen: Kannst du die aufeinandergepressten Zähne und die pochende Stirn zulassen? Nein.
Stell dir eine der Nichtzulassens-Fragen: Kannst du deinen Widerstand zulassen? Nein. (2. Nein)

10   1. Schritt – willkommen heißen:»Ich habe enorme Kopfschmerzen, als ob mein Kopf von einem Schraubstock zerdrückt werden würde.«
2. Schritt – zulassen: Kannst du diese enormen Kopfschmerzen zulassen? Ja.
3. Schritt – wahrnehmen des Bodyshifts im Augenblick des eigentlichen Zulassens: Kopf neigt sich spontan nach links und ein tiefer Atemzug folgt.

11   1. Schritt – willkommen heißen:»Jetzt fühle ich mich wirklich traurig.«
2. Schritt – zulassen: Kannst du diese Traurigkeit zulassen? Ja.

3. Schritt – wahrnehmen des Bodyshifts im Augenblick des eigentlichen Zulassens: Wangen senken sich und die Unterlippe wird schwerer.

12 1. Schritt – willkommen heißen: »Ein befremdliches Bild eines Totenschädels steigt in mir auf.«
2. Schritt – zulassen: Kannst du dieses Bild des Totenschädels zulassen? Ja.
3. Schritt – wahrnehmen des Bodyshifts im Augenblick des eigentlichen Zulassens: Körper entspannt sich und sinkt tiefer in die Matratze hinein.

13 1. Schritt – willkommen heißen: »Ich denke an den Film von gestern.«
2. Schritt – zulassen: Kannst du diese Erinnerung zulassen?« Ja.
3. Schritt – wahrnehmen des Bodyshifts im Augenblick des eigentlichen Zulassens: stechende Empfindung im Kopf.

14 1. Schritt – willkommen heißen: »Mein Kopf fühlt sich wie in Watte gehüllt, während ich einen Ring mit Gewichten darum spüre.«
2. Schritt – zulassen: Kannst du diese Erfahrung zulassen? Ja.
3. Schritt – wahrnehmen des Bodyshifts im Augenblick des eigentlichen Zulassens: Körper entspannt sich noch mehr und sinkt noch tiefer in die Matratze hinein.

15 1. Schritt – willkommen heißen: »Ich fühle Frieden.«
2. Schritt – zulassen: Kannst du diesen Frieden zulassen? Ja.
3. Schritt – wahrnehmen des Bodyshifts im Augenblick des eigentlichen Zulassens: tiefer, voller Atemzug.

16 1. Schritt – willkommen heißen:»Ich fühle Ruhe und Entspannung.«
2. Schritt – zulassen: Kannst du diese Ruhe und Entspannung zulassen? Ja.
3. Schritt – wahrnehmen des Bodyshifts im Augenblick des eigentlichen Zulassens: voller Atemzug.

2. Plateau

Während sich Darren orientiert und im Zimmer umherschaut, sagt er auf einmal:»Das ist wirklich cool. Verglichen mit dem Sitzungsanfang fühle ich mich wirklich viel besser. Ich bin viel ruhiger und mein Geist ist wirklich präsent im Jetzt. Meine Kopfschmerzen sind weg. Ich fühle mich mit diesem Prozess viel mehr verbunden. Aufgrund meiner Erfahrung weiß ich jetzt innerlich wirklich, wie er funktioniert.«

Sitzungszeit: 30 Minuten

Das Prinzip des Nichtwiderstands

»Auf der ganzen Welt gibt es nichts Weicheres und Nachgiebigeres als das Wasser. Und doch in der Art, wie es dem Harten zusetzt, kommt nichts ihm gleich«, schrieb vor 2 500 Jahren der taoistische Weise Laotse.

Das uralte taoistische Prinzip des Nichtwiderstands findet im Willkommens-Prozess seine Erfüllung. Genau wie Wasser leistet auch der Willkommens-Prozess keinen Widerstand. Es gibt nur das Willkommenheißen und Zulassen jeder Erfahrung, genau so, wie sie ist.

Die Willkommens- und Zulassens-Schritte sind aufgrund ihrer Natur so offen, so einladend, so umfassend, so bejahend und letztlich so liebevoll, dass ihnen nichts widerstehen kann. Diese einfachen Schritte bewirken die Auflösung des Widerstands gegenüber all deinen Erfahrungen. Sie sind die praktische Anwendung dieses taoistischen Grundprinzips. Sogar dein Widerstand, deine Ablehnung und Zurückweisung, dieses innerliche Nein gegenüber dem Inhalt deiner Erfahrung, wird mittels der drei Nichtzulassens-Fragen vollständig zugelassen.

Widerstand kann auf Dauer nur in einer Umgebung des Widerstands existieren. Wenn es nichts gibt, wogegen man ankämpfen kann, ist es dem Widerstand unmöglich, seine krampfhafte Ablehnung aufrechtzuerhalten. Durch die Anwendung dieses Prozesses bleibt dem Widerstand nichts anderes übrig, als sich ganz natürlich und von selbst zu transformieren. All diese Beobachtungen und Erkenntnisse haben die Taoisten im Prinzip des Nichtwiderstands zusammengefasst.

Jeder Widerstand, der willkommen geheißen und zugelassen wird, beginnt sich aufgrund des Selbstregulationseffekts des Willkommens-Prozesses automatisch zu transformieren und sich letztendlich zu harmonisieren und zu neutralisieren.

Stell dir vor, dass du mit ausgestrecktem Arm gegen den einer anderen Person drückst. Was spürst du in deinem Körper? Was geschieht, wenn der andere plötzlich keinen Widerstand mehr leistet, indem er seinen Arm entspannt oder fallen lässt? Kannst du den Widerstand aufrechterhalten? Nein, weil Widerstand nur so lange fortbestehen kann, wie es etwas gibt, gegen das man drücken oder stoßen kann. Der Widerstand transformiert sich automatisch oder neutralisiert sich, wenn er vollständig aufgenommen und absorbiert wird. Genau das Gleiche geschieht, wenn der Inhalt deiner Erfahrung vollumfänglich willkommen geheißen und zugelassen wird.

Wie ich im dritten Kapitel bereits erwähnt habe, haben wir Menschen die Tendenz, unangenehme Erfahrungen oder solche, die uns Angst machen, zu unterdrücken. Unglücklicherweise ist es so, dass alles, was du ablehnst oder verdrängst, in den »Untergrund« geht und dort in deinem Schattenselbst, in der Schattenschicht deines Bodyminds, weiterlebt. Hingegen wird sich alles, mit dem du bewusst in Beziehung trittst, das du willkommen heißt und zulässt, ganz natürlich und von selbst transformieren. Was du innerlich bekämpfst, bekämpft dich. Was du annehmen und zulassen kannst, transformiert sich und wird leichter. Eva Pierrakos drückt dieses Lebensprinzip auf wunderbare Weise in einer ihrer Pathwork-Lectures aus. Sie schreibt:»Durch die Pforte des Fühlens deiner Schwäche findest du deine Kraft, durch die Pforte des Fühlens deines Schmerzes findest du Genuss und Freude, durch die Pforte des Fühlens deiner Angst findest du Sicherheit und Geborgenheit, durch die Pforte des Fühlens deiner Einsamkeit findest du die Fähigkeit, erfüllt in Liebe und Partnerschaft zu leben, durch die Pforte des Fühlens deines Hasses findest du die Fähigkeit zu lieben, durch die Pforte des Fühlens deiner Verzweiflung findest du deine wahre und berechtigte Hoffnung, durch das Annehmen des Mangels in deiner Kindheit findest du Erfüllung im Hier und Jetzt.«[50]

Der Willkommens-Prozess beendet den inneren Krieg, indem er der Selbstablehnung mit der Empfänglichkeit des Willkommens-Schrittes begegnet und Selbstangriff oder Selbstkritik durch die liebevolle Haltung des Zulassens-Schrittes ersetzt.

Die »Formel des Liebens«

- Was verleugnet wurde, wird anerkannt.
- Was abgelehnt wurde, wird eingeladen.
- Was unterdrückt wurde, wird willkommen geheißen.
- Was angegriffen wurde, wird angenommen und zugelassen.

– Willkommen heißen und zulassen ist ein Weg, sich selbst und andere zu lieben und eine liebevolle Haltung gegenüber allem, was ist, einzunehmen.
– Zu lieben bedeutet willkommen zu heißen und zuzulassen.

Vollkommene Präsenz

Wie fühlst du dich, wenn jemand in deiner Gegenwart vollkommen anwesend ist, dich mit seiner vollen Aufmerksamkeit willkommen heißt (Willkommens-Schritt) und dann alles, was du ihm mitteilst, mit einem offenen, empfänglichen Herzen aufnimmt (Zulassens-Schritt), ohne dich in irgendeiner Art verändern zu wollen?

Nimm dir etwas Zeit und denke an eine Person, die du liebst. Nun stell dir vor, diese Person würde genau das machen. Sie würde vollständig präsent sein, dir ihre ganze Aufmerksamkeit schenken und dich genauso annehmen und sein lassen, wie du bist, mit all deinen Erfahrungen, unabhängig davon, was diese Inhalte sind. Was fühlst du, wenn du dir diese Situation vorstellst?

Wenn mich jemand bewusst willkommen heißt und zulässt, dass ich bin, wie ich bin, fühle ich mich beschenkt und folgende Gedanken und Gefühle gehen durch meinen Geist: »Wie schön, mein Gegenüber ist einfach präsent, hört mir zu, nimmt mich an und lässt mich genau so sein, wie ich bin. Ich muss nicht anders sein. Ich muss mich nicht schützen. Ich kann ganz offen sein und sagen, was ich denke und fühle. Ich kann einfach ich selbst sein. Ich fühle mich wirklich verstanden, angenommen und geliebt.«

Auf körperlicher Ebene nehme ich wahr, wie sich meine Atmung verlangsamt und wie ich immer mehr aus dem Bauch heraus atme. Gleichzeitig entspannt sich meine Muskulatur, mein

Geist beruhigt sich, ich bin präsenter in meinem Körper, während sich ein Gefühl der Leichtigkeit und des Wohlbefindens ausbreitet. Getragen von der liebevollen Gegenwart des anderen beobachte ich, wie ein Gefühl des Friedens und des inneren Glücks in mir aufsteigt. Das ist einer dieser Momente, in denen das Leben einfach wunderbar ist.

Wenn du emotional aufgewühlt oder aufgebracht bist, brauchst du sogar in der liebevollen Anwesenheit eines anderen selbstverständlich einige Zeit, bevor du dich wieder beruhigen kannst. Aber wenn dein Gegenüber dich in deinem Erleben einfach willkommen heißt und dich zulässt, wie du bist, während du dich mitteilst, dann wirst du innerlich ganz von selbst, mehr oder weniger bewusst, durch zahlreiche Willkommens-Kreisläufe hindurchgehen. Nach und nach wird sich dein Bodymind wieder beruhigen. Du wirst spüren, wie du wieder mit deinem Zentrum in Kontakt kommst und wie die Strahlen deiner Inneren Sonne dich innerlich wärmen.

Jetzt, nachdem du die eigentliche Technik des Willkommens-Prozesses kennengelernt hast, kannst du beginnen, dich selbst zu lieben, indem du all deine Erfahrungen willkommen heißt und zulässt, und zwar ganz unabhängig davon, für wie unangenehm oder unerwünscht du sie auch halten magst. Die beständige Anwendung dieses Prozesses wird dich immer mehr von der Notwendigkeit, von anderen geliebt werden zu müssen, befreien. Natürlich wird es immer schön und erfüllend sein, wenn dich jemand liebt, aber es wird nicht länger ein Anspruch sein, den du in jede Begegnung hineinträgst. Wenn du geliebt wirst, ist das großartig, und wenn nicht, dann ist es auch in Ordnung. Letztendlich hast du immer noch dich selbst und deine Fähigkeit, dich selbst zu lieben.

Die eigentliche Technik des Willkommens-Prozesses

Jetzt folgt die »Schulbuchversion« des Willkommens-Prozesses, die den Willkommens-Kreislauf auf lineare Weise beschreibt. Ich schlage vor, dass du Fotokopien des Willkommens-Kreislaufs auf Seite 184 und der unten stehenden Version machst und dann diejenige benutzt, die dir besser gefällt, bis du den Prozess verinnerlicht hast.

1. Willkommens-Schritt: »Was ist deine Erfahrung im Hier und Jetzt?«

2. Zulassens-Schritt: »Kannst du deine Erfahrung im Hier und Jetzt zulassen?«
– Wenn »Ja«, gehe weiter zum dritten Schritt des Willkommens-Prozesses.
– Wenn »Nein«, stell dir eine der drei Nichtzulassens-Fragen.
– Ist deine Antwort »Nein« (2. Nein), geh zurück zum Anfang des Willkommens-Kreislaufs, indem du dir erneut die Willkommens-Frage stellst.

3. Wahrnehmen des Bodyshifts im Augenblick des eigentlichen Zulassens.

4. Wiederhole die Willkommens-Kreisläufe, bis du ein Plateau erreicht hast, und schreibe die Antworten jedes Schrittes auf!

Mit den beiden Kopien in der Hand bist du nun bereit für das nächste Kapitel und die praktische Anwendung des Willkommens-Prozesses in deinem Alltag.

KAPITEL 11

Jetzt bist du dran – die praktische Umsetzung

Der Schlüssel zum Verstehen ist immer die persönliche Erfahrung.

R. D. Laing[51]

Der Willkommens-Prozess ist ausschließlich erfahrungsorientiert und weit mehr als nur eine Technik oder Methode. Der Willkommens-Prozess ist eine innere Kunst, eine Lebensweise mit einer eigenen Intelligenz, einem eigenen Rhythmus und Fluss. Ganz gleich, wie viel du darüber auch lesen magst oder wie sehr du ihn intellektuell zu verstehen versuchst, seinen tieferen Geist wirst du erst erleben, wenn du anfängst, ihn im Laboratorium deines Bodyminds anzuwenden. Theorie ist bis zu einem gewissen Punkt hilfreich, doch wirkliches Lernen geschieht durch direkte Erfahrung. Irgendwann kommt der Moment, in dem du den Sprung ins Ungewisse wagen und das theoretische Wissen anwenden musst. Mit anderen Worten: Du wirst erst schwimmen lernen, wenn du dich ins Wasser begibst. Genau das Gleiche gilt auch für diesen Prozess. Was immer meine Behauptungen betreffend der positiven Eigenschaften des Willkommens-Prozesses auch sein mögen, sie bedeuten nicht viel, solange sie nicht zu einer direkten Erfahrung in deinem Bodymind werden. Ich möchte dich jetzt einladen zu springen, nass zu werden und in die Gewässer deiner eigenen Erfahrung einzutauchen und mit der liebevollen Unterstützung des Willkommens-Prozesses durch die Herausforderungen des Alltags zu schwimmen.

Um noch einmal Laotse zu zitieren: »Dass das Weiche das Harte besiegt und das Sanfte das Erstarrte, weiß jedermann auf Erden, aber niemand vermag danach zu handeln.« Bald wirst du einer der wenigen sein, der fähig ist, die Aussage Laotses in die Praxis umzusetzen, indem du deiner Erfahrung im Hier und Jetzt mit einer bewussten und liebevollen Haltung begegnest. Auf diese Weise praktizierst du Sanftheit und Weichheit in deinem Leben.

Ziel dieses Kapitels ist es, dir noch letzte Informationen zu geben, damit du komplett ausgerüstet und fähig bist, selbstständig durch deine erste vollständige Willkommens-Sitzung zu gehen. Nachdem du dieses Kapitel durchgelesen und deine erste Sitzung abgeschlossen hast, bist du bereit, den Willkommens-Prozess in jedem Lebensbereich anzuwenden – ganz besonders dann, wenn du mit Herausforderungen und emotional aufwühlenden Situationen konfrontiert bist.

Der Schlüssel zum Erleben der wirklichen Kraft des Willkommens-Prozesses liegt in seiner Anwendung im Alltag – vor allem dann, wenn deine emotionalen Knöpfe gedrückt werden und du merkst, dass du deine Mitte verloren hast.

Das Aufschreiben der Willkommens-Sitzungen

Das regelmäßige Aufschreiben der Willkommens-Sitzungen ist die Basis zur Meisterung der Kunst der Selbstliebe. Gleichzeitig fördert es deine Fähigkeit, den Willkommens-Prozess spontan,

»nur im Kopf« anzuwenden, wenn du ihn am dringendsten benötigst: in den stressvollen Momenten deines Lebens.

Es gibt zwei Formate, um die Willkommens-Sitzungen aufzuschreiben:

1. *Normales Format*
2. *Abgekürztes Format*

Das normale Format wirst du wahrscheinlich nur zu Anfang benutzen, und zwar so lange, bis du mit dem Prozess und den einzelnen Schritten ausreichend vertraut bist. Danach wirst du nur noch das abgekürzte Format verwenden. Und irgendwann wirst du möglicherweise sogar deinen eigenen Stil und deine eigene Variante des Aufschreibens deiner Willkommens-Sitzungen kreieren, wozu ich dich ausdrücklich ermuntern möchte.

1. Normales Willkommens-Sitzungs-Format

Sitzungsthema:
1. **Schritt – willkommen heißen**
2. **Schritt – zulassen: Kannst du ... zulassen?**
3. **Schritt – wahrnehmen des Bodyshifts im Augenblick des eigentlichen Zulassens**

Fahre mit dem Prozess fort, bis du dein erstes Plateau erreicht hast, wobei du jeden neuen Willkommens-Kreislauf nummerierst. Sobald du zu einem Plateau gelangt bist und dich vollständig orientiert hast, entscheidest du dich, ob du die Willkommens-Sitzung fortsetzen oder beenden möchtest. Solltest du weitermachen, setzt du die Nummerierung bis zum zweiten Plateau fort und so weiter.

Beispiel einer Willkommens-Sitzung im normalen Format

Sitzungsthema: »*Gefühle der Einsamkeit*«

1.   1. Schritt – willkommen heißen: »Ich fühle mich ein bisschen einsam.«
2. Schritt – zulassen: Kannst du das Gefühl der Einsamkeit zulassen? Ja.
3. Schritt – wahrnehmen des Bodyshifts im Augenblick des eigentlichen Zulassens: tiefes Einatmen.

2.   1. Schritt – willkommen heißen: »Ich sehne mich nach Zärtlichkeit und Berührung.«
2. Schritt – zulassen: Kannst du diese Sehnsucht nach Zärtlichkeit und Berührung zulassen? Ja.
3. Schritt – wahrnehmen des Bodyshifts im Augenblick des eigentlichen Zulassens: Gähnen etc.

Im Anhang findest du eine Schreibvorlage für das normale Willkommens-Sitzungs-Format, die du kopieren und ausdrucken kannst. Diese Kopie kannst du so lange benutzen, bis du bereit bist, mit dem abgekürzten Format durch eine komplette Willkommens-Sitzung zu gehen.

2. Abgekürztes Willkommens-Sitzungs-Format

Sitzungsthema:
     1. Schritt – W: _____
     2. Schritt – Z: _____
     3. Schritt – WBS: _____

**W ist die Abkürzung für den Willkommens-Schritt,
Z ist die Abkürzung für den Zulassens-Schritt,
WBS ist die Abkürzung für das Wahrnehmen des Bodyshifts.**

Beispiel einer Willkommens-Sitzung im abgekürzten Format

Sitzungsthema: »Mein Chef«
1   W: »Ich habe die Fantasie, dass ich zu meinem Chef gehe
    und ihm sage: »Ich habe genug! Ich kündige!«
    Z: ... diese Fantasie? Ja.
    WBS: Tiefer Atemzug und Seufzer, ganzer Körper ent-
    spannt sich.

2   W: »Enge in der Brust.«
    Z: ... Erfahrung der Enge? Nein.
    Z: Nein/Nichtzulassen/Widerstand? Ja.
    WBS: Ausdehnung im Nacken und Entspannung in den
    Schultern.

Und so weiter ...

Anmerkung: Ab jetzt werden alle Willkommens-Sitzungen nur
noch im abgekürzten Willkommens-Sitzungs-Format aufgeschrieben.

Arielle stellt sich ihrer Selbstkritik
Arielle hat diese Sitzung im abgekürzten Format in ihrem Selbstliebe-Tagebuch aufgeschrieben.

211

Sitzungsthema: »Innerer Stress verursacht durch meine Selbstkritik«

1   W: »Ich bin wütend auf mich, weil ich nicht produktiver
     bin.«
     Z: … Wut? Nein.
     Z: Nichtzulassen?[52] Ja.
     WBS: Entspannung im Kiefer.

2   W: »Ich bin traurig.«
     Z: … Trauer? Ja.
     WBS: tiefer, voller Atemzug.

3   W: »Ich bemerke eine große Ruhe und Stille in meinem
     Innern.«
     Z: … Erfahrung? Ja.
     WBS: Lächeln und voller Atemzug.

1. Plateau
Arielles Einsicht: »Wenn ich Angst habe, ist es sehr einfach, mich
selbst zu kritisieren, aber viel schwieriger, mir selbst auf liebevolle Weise zu begegnen.«
     Sitzungszeit: fünf Minuten

Raven heißt seine existenziellen Ängste willkommen
Jetzt folgt das Protokoll einer telefonischen Willkommens-Sitzung mit einem Klienten, der sich von einer Krebsoperation und
einer Bestrahlungstherapie erholte. Er hatte mich gebeten, ihn
mit dem Willkommens-Prozess bei seiner Heilung zu begleiten
und zu unterstützen.

Sitzungsthema: »*Existenzielle Ängste*«

Bevor wir mit der Willkommens-Sitzung anfingen, sagte Raven: »Ich habe Angst, mein ganzes Geld zu verlieren. Ich habe Angst, meine Gesundheit zu verlieren. Ich habe Angst, dass der Krebs zurückkommt. Ich habe Angst vor dem Sterben.«

1   W: »Enge in meinem Körper und meiner Brust, die mir das Gefühl gibt, eingeschlossen zu sein.«
Z: ... Eingeschlossen sein? Ja.
WBS: Nacken wird länger und Entspannung in den Schultern.

2   W: »Ich fühle mich einsam, abgeschnitten und isoliert.«
Z: ... Gefühl der Einsamkeit, des Abgeschnittenseins und der Isolation? Ja.
WBS: mehr Raum in Brust und Kopf, besonders hinter den Augen.

3   W: »Trauer und Melancholie.«
Z: ... Gefühle? Ja.
WBS: vertiefte Atmung.

Manchmal beginnst du einen neuen Willkommens-Kreislauf, während der Bodyshift noch weitergeht. In Ravens Fall war das eigentliche Zulassen so tief greifend und nachhaltig, dass eine ganze Reihe körperlicher Veränderungen ausgelöst wurde, die aufeinanderfolgten.

4   W: »Ich spüre ein Prickeln und Surren in meinem ganzen Körper.«
Z: ... Empfindungen? Ja.
WBS: Gähnen.

5   W: »Mein ganzer Körper fühlt sich leichter an und in der Haut spüre ich immer noch dieses Prickeln.«

Z: ... Empfindungen? Ja.

WBS: mehrmaliges Gähnen.

6   W: »Energie hat sich von den Beinen zum Becken bewegt und sogar in den Nacken.«

Z: ... Energie, die sich in deinem Körper bewegt? Ja.

WBS: tiefes Atmen und Gähnen.

1. Plateau

Raven: »Ich fühle mich entspannter und spüre eine größere Leichtigkeit im Kopf. Ich sehe dort eine hellere Farbe. Mein ursprünglicher Zustand hat sich eindeutig verändert und die körperliche Anspannung hat deutlich spürbar nachgelassen. Ich fühle mich vom Boden und von der Matratze unter mir getragen.«

Während Raven mir all das mitteilt, streckt er seine Glieder und gähnt dazu.

»Ich kann sogar noch weitere spontane Bodyshifts wie Gänsehaut und Prickeln wahrnehmen. Ich erlebe das als ein wirklich großes Plateau. Ich fühle mich nicht mehr abgeschnitten. Ich fühle mich wieder optimistischer.«

Orientieren während der Plateauphase

Ich bat Raven, sich bewusst umzuschauen, seinen Blick durch das Fenster in die Ferne schweifen zu lassen, während er beobachtet, wie ihm die Welt erscheint.

Raven: »Beim Umherschauen habe ich bemerkt, wie sich ein tiefer Atemzug einstellt. Ich fühle mich geerdeter. Ich möchte einfach zuschauen, wie die Sonne aufgeht. Ich will nur noch sein.«

Überprüfen während der Plateauphase

Nach zwei Minuten frage ich Raven: »Willst du den Willkommens-Prozess fortsetzen oder hast du genug für den Moment?« Er sagt: »Nein, ich bin bereit, meinen Tag zu beginnen! Ich habe Hunger.«

Sitzungszeit: 20 Minuten
(einschließlich des Austauschs während der Plateauphase)

Statt »Ja« oder »Nein« zu schreiben, kannst du einfach ein Häkchen (✓) für »Ja« und einen Strich (–) für »Nein« machen. Manchen Menschen wie Siegbert K. hilft dies. Er sagt: »Als visuell orientierte Person ist es für mich sehr hilfreich, jeden Schritt des Willkommens-Prozesses aufzuschreiben. Mir gefällt es auch, immer dann ein Häkchen zu machen, wenn ich Ja zum Zulassen meiner Erfahrung im Hier und Jetzt gesagt habe.«

Nun schauen wir uns noch mögliche Sitzungsthemen an, die du auswählen und mit dem Willkommens-Prozess bearbeiten könntest.

Die fünf Säulen des Lebens – ein Sitzungsthema auswählen

Jede Säule steht für einen zentralen Lebensbereich. Die fünf Säulen des Lebens umfassen folgende Themen:

- Körper und Gesundheit
- Arbeit, Beruf und Kreativität
- Beziehungen, Freundschaft, Familie und gesellschaftliches Leben
- Geld, finanzielle Sicherheit und materieller Wohlstand
- Lebenssinn, Zielsetzung, persönliche Entwicklung und Spiritualität

Wenn dir nicht klar ist, was ein mögliches Sitzungsthema sein könnte, dann kannst du dich an den fünf Lebenssäulen orientieren. Schau sie dir an und frage dich: »In welchem Bereich meines Lebens fühle ich mich am meisten gefordert und am wenigsten im Gleichgewicht?«

Vielleicht denkst du auch: »Und was mache ich, wenn ich kein Sitzungsthema habe?« Im Grunde spielt es keine Rolle, ob du gerade ein Thema hast oder nicht. Du beginnst eine Willkommens-Sitzung immer auf dieselbe Weise, indem du dir die Frage stellst: »Was erlebst du gerade?«

Ob du ein Sitzungsthema hast oder nicht, unterscheidet sich nur durch den Einstiegspunkt, der den Grundton und die Hauptrichtung der Sitzung bestimmt. Die meisten Anwender dieser Methode ziehen es vor, ein Sitzungsthema auszuwählen, da es ihnen so leichter fällt, die Veränderungen zu verfolgen – ganz besonders dann, wenn sie ihren anfänglichen Zustand in Bezug auf das gewählte Thema mit dem am Ende der Sitzung vergleichen. Also kümmere dich nicht groß darum, ob du ein Thema hast oder nicht. Ausschlaggebend ist es, den Willkommens-Prozess anzuwenden und so viele Kreisläufe zu durchlaufen, bis du ein Plateau erreicht hast.

Du kannst darauf vertrauen, dass die richtigen Erfahrungsinhalte ganz natürlich auftauchen werden, und zwar unabhängig davon, ob du mit einem Thema in die Sitzung einsteigst oder nicht. Erinnere dich daran, dass der Willkommens-Prozess funktioniert, weil er von der Intelligenz und dem Selbstregulationsmechanismus deines Bodyminds getragen wird.

Wann wendest du den Willkommens-Prozess an?

Immer wenn du dich wegen etwas sorgst, wenn dich etwas belastet oder du dich emotional aufgewühlt fühlst, ist der Moment gekommen, dein Selbstliebe-Tagebuch zur Hand zu nehmen und selbstständig eine vollständige Willkommens-Sitzung durchzuführen.

Jedes Mal, wenn du dein inneres Gleichgewicht verloren hast, dich abgeschnitten oder unwohl fühlst, ruft dich dein Inneres, dein Bodymind, auf, mit dir selbst auf bewusste und liebevolle Art in Beziehung zu treten. Natürlich kannst du diesen Prozess jederzeit und für jeden Lebensbereich anwenden, indem du eine der fünf Lebenssäulen auswählst.

Ich habe festgestellt, dass das Anwenden des Willkommens-Prozesses dann am wirkungsvollsten ist und am nachhaltigsten wirkt, wenn ich mich emotional unausgeglichen oder belastet fühle. Ich bin nie motivierter, die Kunst der Selbstliebe in mein Leben zu integrieren, als in diesen Situationen des Unwohlseins oder Leidens. Denn in diesen Momenten bin ich mehr als sonst auf meine eigene liebevolle Zuwendung angewiesen.

Sobald du eine vollständige Sitzung durchlaufen hast, wenn du deine Mitte verloren hast, dich ängstlich, traurig, ärgerlich oder mürrisch fühlst, wirst du erleben, dass der Willkommens-Prozess nicht länger etwas ist, das du tun solltest, sondern etwas, das du wirklich tun willst. Dein eigenes Erleben wird dir zeigen, wie die harmonisierende Wirkung dieses Prozesses auf beinahe magische Weise deine anfängliche Disharmonie transformiert und dich wieder mit deinem inneren Zentrum verbindet.

So angewandt ist diese Methode nicht bloß ein zusätzlicher Punkt auf deiner Alltagsliste, den es zu erledigen gilt, sondern ebenso wie gesunde Nahrung, ein Spaziergang in der Natur oder eine erfrischende Dusche eine wirkliche Kraftquelle. Wenn du den

Willkommens-Prozess auf diese Art in deinen Alltag integrierst, wirst du immer größere Selbstermächtigung, Leichtigkeit, Liebe und immer größeres inneres Glück erleben.

Die emotionale Intensitätsskala

Die emotionale Intensitätsskala ist ein einfaches Instrument, mit dem du die emotionale Intensität deines Sitzungsthemas oder gegenwärtigen Erfahrungsinhalts bestimmen kannst. Die Skala reicht von 1 bis 10. 1 steht für die geringste Intensität und 10 für die höchste. Wenn du mit einem Sitzungsthema zu arbeiten beginnst, stellst du dir folgende Frage: »Als wie intensiv würde ich die Emotion, die mit dem Sitzungsthema verbunden ist, auf einer Skala von 1 bis 10 beurteilen?« Die erste intuitive Antwort ist die richtige. Nun folgt eine ausführliche Erklärung der verschiedenen emotionalen Intensitätsstufen.

1–3: Ziemlich neutral
Das Sitzungsthema oder den Inhalt der Erfahrung erlebst du als eher neutral und mit viel Gelassenheit. Du kannst dich dem Thema ganz leicht stellen und die Erfahrungsinhalte auf neutrale und emotional gelöste Weise genauso beobachten, wie sie sind.

3–5: Emotional berührt
Das Sitzungsthema oder deine gegenwärtige Erfahrung lösen Emotionen in dir aus, die dich berühren und nicht mehr kalt lassen.

5–7: Emotional aufgewühlt/gestresst

Das Sitzungsthema oder deine Erfahrung im Hier und Jetzt wühlen dich auf und beanspruchen einen beträchtlichen Teil deiner Energie und Aufmerksamkeit. Im Verlauf des Tages merkst du, dass du oft über das Thema nachdenkst, dass du dich innerlich gestresst fühlst und eine Vielzahl an Gefühlen in dir auftaucht.

7–9: Emotional höchst gestresst/sehr stark aufgewühlt

Das Sitzungsthema oder die augenblickliche Erfahrung bringen dich völlig aus dem Gleichgewicht. Du hast deine innere Mitte vollständig verloren. Du bist innerlich sehr stark aufgewühlt, fühlst dich höchst gestresst und bis an deine Grenzen gefordert. Emotional fühlst du dich äußerst aufgebracht und dein Bodymind ist enorm geladen. Du bist von diesem Thema so besessen, dass es dir schwerfällt, dich auf etwas anderes zu konzentrieren. Du musst dich innerlich zusammenreißen, um nicht zu explodieren oder deine Gefühle auszuagieren.

10: Überforderung/Gefühle der Ohnmacht oder Hilflosigkeit

Das Sitzungsthema oder der Erfahrungsinhalt, mit denen du konfrontiert bist, lösen in dir Gefühle der Ohnmacht oder Hilflosigkeit aus. Eine 10 auf der Skala bedeutet, dass du mit der Situation nicht mehr allein umgehen kannst und professionelle Hilfe benötigst, zum Beispiel von einem Arzt, einem Psychiater, einem Psychologen oder einer anderen Fachperson, die darin geschult ist, Menschen in Extremsituationen zu begleiten.

Immer wenn du mit einer Situation konfrontiert bist, die dich wirklich überfordert und deine gegenwärtigen Kräfte und Fähigkeiten übersteigt, rate ich dir, professionelle Hilfe in Anspruch zu nehmen. 10 bedeutet ganz einfach: »Jetzt brauche ich professionelle Hilfe!« Manchmal gibt es Lebensumstände, die derart bedrohlich und überwältigend sind, dass wir einen Schock erleben, der von einem Gefühl des innerlichen Erstarrens begleitet wird. In solchen Momenten ist es unerlässlich, psychologische und/oder medizinische Unterstützung in Anspruch zu nehmen, um das Trauma mittels einer ressourcenzentrierten Methode durchzuarbeiten und aufzulösen.

Der Willkommens-Prozess ist eine praktische Methode, die es dir ermöglichen soll, eine bewusste und liebevolle Beziehung zu dir selbst zu kultivieren. Dieser Prozess ist ein wertvoller Lebensbegleiter, aber kein Ersatz für psychologische oder medizinische Behandlungen.

Wesentliche Punkte für deine erste Willkommens-Sitzung

Bei deiner ersten Anwendung des Willkommens-Prozesses machst du einen Sprung ins Ungewisse. Jedes Mal, wenn du den Inhalt deiner Erfahrung willkommen heißt und zulässt, gehst du ein kleines Risiko ein, da du nicht wissen kannst, wie die neue Erfahrung aussehen wird, die als Folge davon auftaucht. Vielleicht wirst du zur gleichen Erkenntnis kommen wie ein Klient von mir: »Es ist erstaunlich, aber wirklich Ja zum Zulassen meiner Erfahrung im Hier und Jetzt zu sagen, auch wenn sich diese anfänglich unangenehm anfühlt, überwältigt mich überhaupt nicht. Im Gegenteil: Wenn ich mit dem Prozess fortfahre und durch weitere Willkommens-Kreisläufe gehe, beginnt sich das ursprüngliche Sitzungsthema mit seinem Erfahrungsinhalt tatsächlich zu transformieren und schließlich zu harmonisieren.«

Bitte denke daran: Du kannst jederzeit das natürliche Sicherheitsventil des Willkommens-Prozesses benutzen, indem du ganz einfach Nein zum Zulassen deiner momentanen Erfahrung sagst.

Das gilt ganz besonders, wenn sich ein bestimmter Erfahrungsinhalt zu unangenehm, zu intensiv oder zu bedrohlich anfühlt,
um ihn zuzulassen.

Kopiere die Grafiken und gebrauche sie

Ich bitte dich nun, die folgenden Seiten (Seitenzahlen sind unten
aufgeführt) mit ihren Grafiken und fettgedruckten Textstellen zu
markieren oder zu kopieren und diese so lange als Hilfsmittel zu
gebrauchen, bis du den Willkommens-Prozess verinnerlicht hast.

– Zusammenfassung der drei Schritte des Willkommens-Pro-
  zesses: Seiten 138, 139, 157 und 170
– Diagramm des Willkommens-Kreislaufs: Seite 184
– Die eigentliche Technik des Willkommens-Prozesses: Seite 206
– Normales Willkommens-Sitzungs-Format: Seite 209
– Abgekürztes Willkommens-Sitzungs-Format: Seite 210 f.

Sanfter und geduldiger Umgang mit dir selbst

Bitte denke daran, geduldig mit dir selbst zu sein, während du
lernst, durch deine ersten kompletten Willkommens-Sitzungen
zu gehen – vor allem, wenn du anspruchsvolle und stressbela-
dene Sitzungsthemen auswählst. Wie bei jeder Kunst dauert es
auch bei der Kunst der Selbstliebe seine Zeit, bevor du ein gewisses Geschick und eine gewisse Fertigkeit erlangt hast. Wenn du
Skifahren lernst, wirst du anfangs oft hinfallen und dein Fahrstil
wird nicht sehr elegant erscheinen. Aus diesem Grund solltest
du dir bewusst so viel Zeit lassen, wie du eben brauchst, um den
Willkommens-Prozess gründlich und vollständig zu erlernen.

Also, lass uns beginnen!
Jetzt ist der Moment gekommen, deine erste komplette Willkommens-Sitzung zu machen. Wähle die Schreibweise und
das Format, die dir am besten entsprechen, also entweder das
normale Willkommens-Sitzungs-Format (Seite 209) oder das
abgekürzte Willkommens-Sitzungs-Format (Seite 210 f). Der
nachfolgende fettgedruckte Text wird dir alle notwendigen An-
weisungen geben und dich durch deine erste Willkommens-
Sitzung führen.

Wie führst du deine erste Willkommens-Sitzung durch?

1. **Nimm dein Selbstliebe-Tagebuch hervor und etwas, mit dem
   du gern schreibst.**

2. **Nimm folgende Kopien zur Hand:**
   - **Zusammenfassung der drei Schritte des Willkommens-
     Prozesses: Seiten 138, 139, 157 und 170**
   - **Diagramm des Willkommens-Kreislaufs: Seite 184**
   - **Die eigentliche Technik des Willkommens-Prozesses: Seite 206**
   - **Das abgekürzte Willkommens-Sitzungs-Format: Seite 210 f.**

3. **Begib dich an einen ruhigen Ort, an dem du dich wohlfühlst,
   und mach es dir dort bequem.**

4. **Atme einige Male tief in deinen Bauch. Spüre, wie sich
   dein Bauch beim Einatmen ausdehnt und wie er sich beim
   Ausatmen wieder abflacht. Bauchatmung wirkt beruhigend
   und konzentriert deine Aufmerksamkeit in deinem Körper.**

5. Suche dir ein Sitzungsthema aus, das in dir ein Unwohlsein auslöst oder dich emotional aufwühlt. [53]

6. Sobald du ein Sitzungsthema ausgesucht hast, kannst du mit dem Willkommens-Prozess beginnen. Zum Aufschreiben der Sitzung benutze entweder das normale oder das abgekürzte Format.

Viel Erfolg bei deiner ersten vollständigen Willkommens-Sitzung!

Herzlichen Glückwunsch!
Soeben hast du deine erste komplette Willkommens-Sitzung abgeschlossen!

Jetzt verfügst du über alle notwendigen Informationen und kennst alle praktischen Schritte, um die Kunst der Selbstliebe in deinem Leben zu kultivieren. Je häufiger du den Willkommens-Prozess anwendest, desto tiefer wirst du Selbstliebe und Glück sowie alle anderen Vorteile dieser bewussten und liebevollen Lebensweise in deinem Alltag erleben können.

KAPITEL 12

Selbstliebe – Schlüssel und Weg zu einem erfüllten Leben

Selbstliebe ist die wichtigste Form der Liebe. Die Liebe in unserem Leben beginnt bei uns selbst. Wenn wir uns selbst wirklich lieben, dann ist unser Leben im Fluss.

Louise L. Hay[54]

Je liebevoller du mit dir selbst umgehst, desto glücklicher fühlst du dich. Und je liebevoller du mit anderen umgehst, desto glücklicher fühlen sich andere in deiner Gegenwart.

Jetzt fängt deine Reise der Selbstliebe wirklich an! Wenn du mit dem Willkommens-Prozess vertraut bist und weißt, wie du dich selbst lieben und deiner Erfahrung im Hier und Jetzt auf bewusste und liebevolle Weise begegnen kannst, dann bist du bereit, die Methode jederzeit anzuwenden, wenn du sie brauchst.

Der Willkommens-Prozess ist ein Passepartout, ein Universalschlüssel, der alle Schlösser öffnen kann, sogar die Doppelschlösser von Eingangsportalen oder verborgenen Türen. Jetzt kannst du allen Hindernissen auf dem Weg zur Selbstliebe mit diesem Schlüssel in der Hand entgegentreten. Je häufiger du ihn benutzt, desto mehr Türen werden sich öffnen, desto mehr Schattenflecken und Stressmuster werden sich transformieren und desto freier und heller wird deine Innere Sonne in dir scheinen und deinen gesamten Bodymind durchstrahlen.

Die nächste Stufe des Willkommens-Prozesses

Dieser Abschnitt soll dir erklären, wie du noch mehr vom Willkommens-Prozess profitieren und noch einen Schritt weitergehen kannst. Das Vorgehen ist einfach: Mehrere Stunden, Tage oder sogar Wochen, nachdem du eine Willkommens-Sitzung abgeschlossen hast, nimmst du dir etwas Zeit, überfliegst noch einmal deine Notizen und suchst nach Aussagen, Erkenntnissen, kreativen Ideen oder intuitiven Einsichten, die deine Aufmerksamkeit auf sich ziehen oder dich emotional berühren. Markiere diese Stellen mit einem Leuchtstift oder unterstreiche sie mit einem Farbstift, sodass du sie sofort erkennst, wenn du durch dein Selbstliebe-Tagebuch blätterst. Denke anschließend eine Weile über diese Aussagen und Schlüsselerfahrungen nach.

Einige Beispiele: »Der Gedanke an eine neue berufliche Karriere setzt in mir neue Energien frei.« »Ich fühle Wut in mir aufsteigen, wenn ich in meiner Beziehung meine Bedürfnisse nicht zum Ausdruck bringe.« »Ich vermisse es, mehr wertvolle Zeit mit meiner Familie und meinen Freunden zu verbringen.«

Im Allgemeinen rate ich davon ab, gleich nach Abschluss der Sitzung nach wichtigen Erkenntnissen Ausschau zu halten. Am besten wartest du zuerst ein paar Stunden, damit du die Veränderungen integrieren kannst, die ganz natürlich nach einer Sitzung geschehen. Beim Nachdenken über die von dir markierten Sätze kann es sein, dass du noch tiefere Einsichten gewinnst und dich innerlich aufgefordert fühlst, konkrete Veränderungen in deinem Leben vorzunehmen.

Über einen Zeitraum von mehreren Wochen oder Monaten wird dir das Anstreichen dieser Schlüsselsätze helfen, gewisse Aspekte und Muster in deinem Leben zu erkennen, die wirklich deine Aufmerksamkeit benötigen und von dir eine bestimmte Handlung oder eine konkrete Veränderung fordern. Welcher

Lebensbereich auch betroffen sein mag, ob Beruf, Beziehung, Gesundheit oder Wohnsituation, denke daran, dass der Prozess über seine eigene Intelligenz verfügt und deshalb alles aufdeckt, was unausgeglichen, vernachlässigt, überbetont oder unterdrückt ist.

Manche Probleme werden sich von selbst transformieren und harmonisieren, andere werden hingegen immer wieder auftauchen, da sie, um gelöst zu werden, von dir gezieltes und wirkungsvolles Handeln in der Außenwelt erfordern. Die gute Nachricht dabei ist: Wenn du dich gewissenhaft mit den Schlüsselsätzen und ihren zentralen Aussagen auseinandersetzt, wird dir der Willkommens-Prozess bisher nicht beachtete Themen und sich wiederholende Muster enthüllen.

Wenn dein äußeres Leben von großen Ungleichgewichten oder sogar Chaos geprägt ist, dann wird die daraus resultierende Aufregung so großen Stress in deinem Bodymind auslösen, dass dein kleines Ich fast ständig auf alle Anforderungen des Alltags ängstlich oder sogar aggressiv reagiert. Der erste Schritt, um Angst, Sorgen und Stress zu reduzieren, besteht darin, dir selbst auf bewusste und liebevolle Weise zu begegnen. An diesem Punkt steht dir der Prozess zur Verfügung. Gehe durch so viele Willkommens-Kreisläufe hindurch, bis du dich wieder zentriert fühlst. Anschließend wirst du deine Situation ruhiger und von einem anderen Standpunkt aus sehen können. Die Wahl des nächsten Schrittes sowie der richtigen Entscheidung, um mehr Gleichgewicht und Harmonie in dein Leben zu bringen, wird dir viel leichter fallen, wenn du dich innerlich ruhig und zentriert fühlst.

Manchmal besteht der nächste Schritt darin, Freunde, Freundinnen, Familienmitglieder oder Fachpersonen zu kontaktieren, die dich dabei unterstützen können, die nötigen Veränderungen umzusetzen. Andere Menschen um Hilfe zu bitten und ihre Lebenserfahrung oder berufliches Fachwissen in Anspruch zu nehmen, ist ein Akt der Selbstliebe, denn in diesem Moment machst du Gebrauch von einer der wichtigsten Ressourcen im Leben: deinen Mitmenschen.

An diesem Punkt möchte ich darauf hinweisen, dass der Willkommens-Prozess keine Religion, keine Philosophie und auch kein Moralkodex oder Regelwerk sein soll, die dir vorschreiben, wie du sein oder nicht sein sollst und was du tun oder nicht tun solltest. Im Grunde genommen ist dieser Prozess das genaue Gegenteil, da er dich einlädt, mit deiner eigenen inneren Autorität und deinem eigenen inneren Wissen in direkte Beziehung zu treten. Du bist Meister deines eigenen Lebens und du entscheidest, wie du leben, welche Veränderungen du vornehmen und welche Ziele du erreichen möchtest.

Je mehr die Kultivierung der Selbstliebe zum Zentrum deines Lebens wird, desto weniger wirst du vom Wunsch angetrieben, erfolgreich zu sein, um von anderen bewundert zu werden oder Status und Macht zu erlangen. Das Erreichen deiner Ziele wird immer mehr zu deinem natürlichen Ausdruck und der Konsequenz der Tatsache, dass du immer häufiger deiner inneren Stimme, die direkt von deinem inneren Selbst kommt, folgst.

Während du dich durch die vielfältigen Herausforderungen des Lebens hindurchliebst, wachsen dein Selbstvertrauen, dein Selbstwertgefühl und deine Selbstachtung sowie deine Fähigkeit, Ziele anzustreben und zu verwirklichen. Indem du die neu gewonnenen Einsichten und intuitiven Fingerzeige, die du im Verlauf des Willkommens-Prozesses erhältst, bewusst anschaust, machst du den ersten notwendigen Schritt hin zu einem ausgeglichenen und erfüllten Leben.

Selbstliebe ist die Grundlage für liebevolle Beziehungen zu anderen

Hast du dich jemals gefragt, in welcher Wechselbeziehung die Liebe zu dir selbst und zu anderen steht? Je liebevoller du mit dir selbst umgehst, desto liebevoller gehst du mit dem Selbst in anderen um. Jeden Erfahrungsinhalt, den du in dir selbst liebst, kannst du auch in einem anderen lieben. Was du in dir verurteilst, hasst, ablehnst und bekämpfst, wirst du tendenziell auch in anderen verurteilen, hassen, ablehnen und bekämpfen. Was du in dir zu verstehen und anzunehmen gelernt hast, kannst du in anderen ebenfalls verstehen und annehmen.

Wenn du fähig bist, mit deiner Wut, Trauer, Angst, Frustration, Enttäuschung und Gereiztheit bewusst und liebevoll in Beziehung zu treten, dann wird es dir leichter fallen, das Gleiche bei deinen Mitmenschen zu tun. Je mehr du all deine Erfahrungen willkommen heißt und zulässt – einschließlich all deiner Widerstände –, desto einfacher ist es für dich, auch die Erfahrungen anderer willkommen zu heißen und zuzulassen.

Was du in dir selbst liebst, hasst oder fürchtest, das liebst, hasst oder fürchtest du auch in deinem Gegenüber.

Wir alle sehnen uns danach, so geliebt zu werden, wie wir sind. Niemand mag es, angegriffen, kritisiert oder zu Veränderungen gezwungen zu werden. Was wir uns in unseren Beziehungen zu anderen wirklich wünschen, ist, vollständig willkommen zu sein – gehört, gespürt, gesehen und verstanden zu werden – und zugelassen zu werden, also so angenommen zu werden, wie wir sind.

Wenn du mit einer bewussten und liebevollen Haltung präsent bist, während ein anderer Mensch dir seine Erfahrungen mitteilt, dann fühlt er sich willkommen und zutiefst verstanden, was in ihm umgehend Entspannung und ein Gefühl der

Leichtigkeit und des Angenommenseins auslöst. Im Gegenzug fühlt er sich von dir ganz natürlich angezogen und beginnt seine positiven Gefühle der Freude und des Glücks auf dich zu projizieren. Ob es ihm bewusst ist oder nicht, er kann nicht anders, als diese guten Gefühle der Liebe und des Glücks mit dir zu assoziieren. Letztendlich ist es deine Liebesfähigkeit, deine Fähigkeit, dich selbst und andere zu lieben, die dich für andere attraktiv und liebenswert macht.

Die Kultivierung der Selbstliebe ist ein nie endender Weg, ein fortlaufender Prozess und eine ständige Praxis. Das letztendliche Ziel der Selbstliebe lässt sich wohl nie vollumfänglich erreichen, da es auf dem Weg ins Herz deiner eigenen Selbstheit immer eine noch tiefere Ebene zum Eintauchen oder einen noch höheren Gipfel zum Erklimmen gibt. Mit ganzem Herzen zu lieben, vereinigt die polaren und scheinbar gegensätzlichen Aspekte in dir. Je liebevoller du mit dir selbst umgehst, desto mehr Harmonie, Glück und Liebe kannst du innerlich erleben und desto mehr kannst du diese essenziellen Qualitäten mit anderen teilen.

Dich selbst wirklich zu lieben, bedeutet, dein Gegenüber wirklich zu lieben, und dein Gegenüber wirklich zu lieben, bedeutet, dich selbst wirklich zu lieben.

Denn im Grunde gibt es nur das Eine Selbst, in dem und aus dem heraus wir alle leben.

Je häufiger du den Willkommens-Prozess anwendest, desto mehr wirst du das Eine Selbst realisieren – die wahre Quelle der Liebe und des Glücks –, das allem zugrunde liegt und in dem jede Erfahrung wurzelt, unabhängig von ihrem Inhalt.

Die Willkommens-Prozess-Affirmationen

Immer wenn du glaubst, keine andere Wahl zu haben, als dich selbst oder dein Gegenüber für das, was er getan oder nicht getan hat, anzugreifen und zu kritisieren, dann weißt du, dass dein kleines Ich die Kontrolle über dein Leben übernommen hat. Aus dem kleinen Ich heraus zu handeln, führt immer in die Sackgasse, in Richtung Konflikt, Disharmonie, Trennung, Isolation und Leiden. Das ist ganz einfach nicht der Weg.

Und obwohl wir das in unserem Innersten wissen, lassen wir uns immer wieder von Neuem von unserer Angst und den gewohnheitsmäßigen reaktiven Verhaltensmustern zum Ausagieren verleiten. Die folgenden Affirmationen sind sowohl eine Einladung als auch ein wirksames Mittel, dich daran zu erinnern, den Willkommens-Prozess immer dann anzuwenden, wenn du deine Mitte verloren hast, dich gestresst fühlst oder dir bewusst wirst, dass deine reaktiven Verhaltensmuster die Kontrolle übernommen haben.

»Bei jeder Art von Stress benutze ich den Willkommens-Prozess.«

»Willkommen heißen und zulassen machen mich glücklich und gelassen.«

»Ganz gleich, wie groß der Stress, ich liebe mich mit dem Willkommens-Prozess.«

Nachdem du die obigen Affirmationen gelesen hast, wähle diejenige aus, die dich am meisten anspricht. Nimm dann dein Selbstliebe-Tagebuch hervor, wiederhole die von dir gewählte

Affirmation einige Male und gehe durch eine Willkommens-Sitzung, bis du zu einem Plateau kommst. Sollten es die Umstände nicht erlauben, deine Sitzung aufzuschreiben, dann wiederhole den Willkommens-Kreislauf in deinem Kopf so lange, bis du dich wieder ausgeglichen und zentriert fühlst und wieder aus deiner Mitte heraus handeln kannst. Du kannst natürlich auch deine eigenen Willkommens-Affirmationen kreieren.

Schlusswort

Ich gratuliere dir! Du hast es geschafft. Nachdem du alle vorangegangenen Übungen durchgearbeitet hast, steht dir nun der Willkommens-Prozess ein Leben lang zur freien Verfügung. Jetzt hältst du den Schlüssel zu innerem Glück und liebevollen Beziehungen in den Händen.

Bitte sei verständnisvoll und geduldig mit dir, wenn du ein Gefühl ausagierst und dich auf reaktive Weise verhältst. Es braucht viel Übung, um genügend Achtsamkeit, Willenskraft und Intention aufzubringen, damit du die stark aufgeladenen Überlebensenergien in deinem Bodymind beobachten und aushalten kannst. Auch nach zahlreichen Jahren der Praxis ertappe ich mich immer noch dabei, wie alte Verhaltensmuster die Kontrolle übernehmen, wie ich vor unangenehmen Situationen davonlaufe oder auf anklagende Art kommuniziere und dabei angestaute Emotionen entlade, anstatt bewusst mit meiner Erfahrung im Hier und Jetzt in Beziehung zu treten und volle Verantwortung für mein Erleben zu übernehmen.

Aber jedes Mal, wenn ich mich dazu entscheide, eine aufwühlende Erfahrung willkommen zu heißen und sie zuzulassen, erlebe ich, wie sich die Energie dieses Erfahrungsinhalts transformiert und letztendlich harmonisiert. Auf der anderen Seite meines Widerstands finde ich Entspannung, Leichtigkeit und Frieden, gelegentlich sogar einen seligen Zustand der Stille. Die Absicht, mich selbst zu lieben, ganz gleich, was auch geschieht, ist eindeutig der erfüllendste Weg, den ich je beschritten habe.

Denke daran, es gibt keinen Grund zur Eile oder Ungeduld, denn jeder Schritt auf dem Weg zur Selbstliebe ist ein Schritt hin zu größerer Freiheit, größerer Harmonie, größerer Liebe und größerem Glück, da die essenziellen Qualitäten deiner Inneren Sonne immer mehr durch dich hindurchstrahlen werden.

Zum Schluss möchte ich mich herzlich bei dir dafür bedanken, dass du mit mir gemeinsam die Kunst der Selbstliebe erforscht hast. Ich bin dankbar und fühle mich geehrt, dass ich das Privileg hatte, den Willkommens-Prozess mit dir zu teilen.

Mögest du immer mit voller Überzeugung sagen können: »Ich liebe mich – ganz gleich, was auch geschieht.«

Möge dieser Prozess dich und all jene, mit denen du in Kontakt trittst, bereichern.

Ich wünsche dir ein erfülltes Leben voller Glück und Liebe.

Namaste – Gott segne dich!

ANHANG

Fragen und Antworten

In diesem Teil werde ich noch auf einige Themen eingehen und bestimmte Fragen beantworten, die bei Anwendern des Willkommens-Prozesses aufgetaucht sind. Ich werde dies in Form von Fragen und Antworten tun. Solltest du nach dem Lesen des Buches und des Anhangs noch weitere Fragen haben, kannst du mir gern eine E-Mail an folgende Adresse senden:
Frank.Lobsiger@DieKunstDerSelbstliebe.ch
Neben deinen Fragen freue ich mich natürlich auch, mehr über deine Erfahrungen zur Kultivierung der Selbstliebe mit dem Willkommens-Prozess zu erfahren. Mithilfe deines Feedbacks vergrößert sich mein Wissen in Bezug darauf, wie sich die Anwendung des Prozesses im Alltag auswirkt. Deine Rückmeldung ermöglicht es mir zudem, dich kennenzulernen und wichtige Themen auf meiner Webseite zu erläutern.

Weitere Informationen zu meiner Arbeit, meinen Kursen und Einzelsitzungen, zur Kultivierung von Selbstliebe und dem Willkommens-Prozess findest du auf meiner Website www.DieKunstDerSelbstliebe.ch. Meine genauen Kontaktinformationen findest du auf Seite 256.

Ist es in Ordnung, beim Aufschreiben der Willkommens-Sitzungen meinen eigenen Schreibstil zu benutzen?
Deinen eigenen Schreibstil zu entwickeln und zu verwenden, ist nicht nur in Ordnung, sondern empfehlenswert. Sobald wir eine Technik oder eine Fertigkeit erlernt haben, neigen wir ganz

natürlich dazu, unseren eigenen Stil zu entfalten. Das ist völlig normal.

Einzig vor dem Abändern des eigentlichen Prozesses rate ich ab, da dieser in einem solchen Fall seine Effizienz verlieren oder gar nicht mehr funktionieren könnte. Solange du die einzelnen Schritte durchläufst, wie du es gelernt hast, und die Grundregeln befolgst, wirst du positive Resultate erzielen. Dass du die Willkommens-Sitzung auf deine eigene Weise aufschreibst, ist ein sicheres Anzeichen dafür, dass dir der Willkommens-Prozess in Fleisch und Blut übergegangen ist.

Was mache ich, wenn ich während des Prozesses stecken bleibe?
Wenn du das Gefühl hast, dass du nicht weiterkommst oder stecken bleibst, dann heiße auch das Steckenbleiben willkommen und mache es zum neuen Inhalt deiner Erfahrung. Durch das Ausführen eines kompletten Willkommens-Kreislaufs wirst du erleben, wie sich das Feststecken zu transformieren beginnt und wie du wieder in Fluss kommst, wenn du den Prozess bis zum nächsten Plateau fortsetzt.

Ein Beispiel:

W: »Nichts bewegt sich, ich stecke fest.«

Z: … dass sich nichts bewegt und du feststeckst? Nein.

Z: Nein/Nichtzulassen/Widerstand? Ja.

WBS: Mein gesamter Körper entspannt sich.

Was mache ich, wenn derselbe Erfahrungsinhalt immer wieder auftaucht?
Manchmal taucht ein bestimmter Erfahrungsinhalt in einer oder mehreren Willkommens-Sitzungen wieder auf. Solche Inhalte können zum Beispiel Müdigkeit, schlechte Laune, Wut, Trauer, Angst, finanzielle Sorgen, ein ungelöster Beziehungskonflikt oder ein gesundheitliches Problem sein. Mach einfach weiter und heiße

diesen sich wiederholenden Erfahrungsinhalt willkommen und lasse ihn zu. Mit jedem weiteren Willkommens-Kreislauf wird sich dieser Inhalt auf einer noch tieferen Ebene transformieren, bis du schließlich ein Plateau erreichst. Anschließend orientierst du dich und entscheidest, ob du deine Willkommens-Sitzung fortsetzen willst oder nicht.

Wenn sich dasselbe Sitzungsthema oder derselbe Erfahrungsinhalt im Verlauf von mehreren Tagen oder Wochen immer wieder von Neuem zeigt, dann nimm dein Selbstliebe-Tagebuch hervor und mache eine Rückschau auf deine vorangegangenen Willkommens-Sitzungen, indem du die Schlüsselsätze oder zentralen Einsichten in Bezug auf das wiederkehrende Muster markierst. Dann reflektiere über die hervorgehobenen Aussagen und überlege dir, welche praktischen Schritte du einleiten könntest, um dieses Thema oder diesen Erfahrungsinhalt aufzulösen.

Wie gehe ich mit der »Nur ein Inhalt«-Regel um, wenn plötzlich Themen oder Erfahrungen auftauchen, die so wichtig sind, dass ich nicht aufhören kann zu schreiben?
Die »Nur ein Inhalt«-Regel ist als Richtlinie gedacht und nicht als ein in Stein gemeißeltes Gesetz. Gelegentlich bist du so »im Fluss« und so inspiriert, dass du einfach nicht aufhören kannst zu schreiben. Vielleicht bist du zu einer intuitiven Einsicht gelangt, von einer kreativen Idee inspiriert oder wie vom Blitz getroffen von einer tiefen Offenbarung erfüllt. In all diesen Fällen ist es stimmig und ratsam, deine Gedanken und dein inneres Erleben in allen Einzelheiten und der gesamten Fülle aufzuschreiben, bevor du zum zweiten Schritt des Willkommens-Prozesses übergehst. Solange du nicht mit emotional stark beladenen Themen arbeitest, ist es durchaus stimmig, eine Ausnahme betreffend dieser Regel zu machen.

Wie viele Willkommens-Kreisläufe muss ich durchlaufen, bevor ich mich besser fühle und eine substantielle Veränderung wahrnehme?

Manchmal sind 15, 20 oder 30 Willkommens-Kreisläufe nötig, bevor du eine grundlegende Veränderung in deiner Gesamtverfassung wahrnimmst.

Abhängig von der emotionalen Intensität oder des Ernstes des Themas, sowie des Erfahrungsinhalts, mit dem du in die Sitzung einsteigst, wirst du mehr oder weniger Kreisläufe brauchen, bevor du einen signifikanten Wandel feststellst und zu einem Plateau gelangst. Zeitweise können zwei oder drei Durchgänge bereits genügen, um eine nachhaltige Transformation zu erleben, sogar wenn du ein stark beladenes Thema ausgewählt hast.

Die in diesem Buch aufgeführten Willkommens-Sitzungen sollen dir helfen, ein klares Verständnis davon zu erlangen, wie viele Kreisläufe nötig sind, um zu einem Plateau zu kommen. Tatsache ist: Du wirst nie im Voraus wissen können, wie viele Willkommens-Kreisläufe du durchlaufen musst, bis du ein Plateau erreichst. Aber eines ist sicher: Wenn du mit dem Willkommens-Prozess weitermachst, wirst du früher oder später eine spürbare Transformation und Harmonisierung erleben, was dir gleichzeitig ein Plateau signalisiert.

Schreibvorlage für das normale Willkommens-Sitzungs-Format

Sitzungsthema: Datum:

1   1. Schritt – willkommen heißen:
     2. Schritt – zulassen: Kannst du ...?
     2. Schritt – nicht zulassen: Kannst du das Nein/Nicht-zulassen/den Widerstand zulassen?
     3. Schritt – wahrnehmen des Bodyshifts im Augenblick des eigentlichen Zulassens:

2   1. Schritt – willkommen heißen:
     2. Schritt – zulassen: Kannst du ...?
     2. Schritt – nicht zulassen: Kannst du das Nein/Nicht-zulassen/den Widerstand zulassen?
     3. Schritt – wahrnehmen des Bodyshifts im Augenblick des eigentlichen Zulassens:

3   1. Schritt – willkommen heißen:
     2. Schritt – zulassen: Kannst du ...?
     2. Schritt – nicht zulassen: Kannst du das Nein/Nicht-zulassen/den Widerstand zulassen?
     3. Schritt – wahrnehmen des Bodyshifts im Augenblick des eigentlichen Zulassens:

☐ 1. Schritt – willkommen heißen:
2. Schritt – zulassen: Kannst du ...?
2. Schritt – nicht zulassen: Kannst du das Nein/Nicht-zulassen/den Widerstand zulassen?
3. Schritt – wahrnehmen des Bodyshifts im Augenblick des eigentlichen Zulassens:

☐ 1. Schritt – willkommen heißen:
2. Schritt – zulassen: Kannst du ...?
2. Schritt – nicht zulassen: Kannst du das Nein/Nicht-zulassen/den Widerstand zulassen?
3. Schritt – wahrnehmen des Bodyshifts im Augenblick des eigentlichen Zulassens:

☐ 1. Schritt – willkommen heißen:
2. Schritt – zulassen: Kannst du ...?
2. Schritt – nicht zulassen: Kannst du das Nein/Nicht-zulassen/den Widerstand zulassen?
3. Schritt – wahrnehmen des Bodyshifts im Augenblick des eigentlichen Zulassens:

☐ 1. Schritt – willkommen heißen:
2. Schritt – Zulassen: Kannst du ...?
2. Schritt – nicht zulassen: Kannst du das Nein/Nicht-zulassen/den Widerstand zulassen?
3. Schritt – wahrnehmen des Bodyshifts im Augenblick des eigentlichen Zulassens:

☐ 1. Schritt – willkommen heißen:
2. Schritt – zulassen: Kannst du …?
2. Schritt – nicht zulassen: Kannst du das Nein/Nicht-zulassen/den Widerstand zulassen?
3. Schritt – wahrnehmen des Bodyshift im Augenblick des eigentlichen Zulassens:

☐ 1. Schritt – willkommen heißen:
2. Schritt – zulassen: Kannst du …?
2. Schritt – nicht zulassen: Kannst du das Nein/Nicht-zulassen/den Widerstand zulassen?
3. Schritt – wahrnehmen des Bodyshifts im Augenblick des eigentlichen Zulassens:

☐

☐

Glossar

Blume der Erfahrung: Die Darstellung auf Seite 76, die alle fünf Elemente der Erfahrung in Form einer Blume zum Ausdruck bringt, mit dem Inneren Beobachter im Zentrum.

Bodymind: Ein Begriff, der die Einheit von physischem Körper und Geist/Psyche sowie das Zusammenspiel zwischen physischen und psychischen Prozessen zum Ausdruck bringt. Das heißt, jede Veränderung im Körper bewirkt eine Veränderung im Geist/ in der Psyche und umgekehrt. Bodymind ist ein weitverbreiteter Begriff, der auch von den Autoren Ken Dychtwald und Ethan Miller verwendet wird, die, unabhängig voneinander, jeweils ein Buch mit dem Titel *Bodymind* geschrieben haben.

Bodyshift: Das ist das Körpersignal – die unwillkürliche körperliche Veränderung – (zum Beispiel plötzliches, unerwartetes Ein- oder Ausatmen, Gähnen oder Lachen), das im Augenblick des eigentlichen Zulassens geschieht. Der Bodyshift ist der »Feedbackschritt« des Willkommens-Prozesses, die Rückmeldung, dass das eigentliche Zulassen passiert ist und dass der Bodymind den Erfahrungsinhalt vollständig zugelassen hat.

Das Große Auge: Damit bezeichne ich die symbolische Repräsentation deines Inneren Beobachters, der alle deine Erfahrungen auf bewusste, losgelöste und neutrale Weise wahrnimmt.

Eigentliches Zulassen: Das ist der Augenblick, in dem der Bodyshift stattfindet. Dieser geschieht spontan und natürlich. Er kann nicht willentlich herbeigeführt oder erzeugt werden.

Formel des Liebens: Zu lieben bedeutet willkommen zu heißen und zuzulassen.

Fünf Elemente der Erfahrung:
1. Körperempfindungen und Sinneswahrnehmungen
2. Bedürfnisse und Wünsche
3. Emotionen und Gefühle
4. Gedanken, Ideen und Konzepte
5. Bilder, Fantasien, Erinnerungen, Geschichten und Träume

Grundhaltung/innere Haltung: Darunter verstehe ich deine bewusst gewählte oder unbewusste Gefühls- und Geisteseinstellung, deine innere Einstellung oder Ausrichtung, mit der du deiner Erfahrung im Hier und Jetzt begegnest.

Innerer Beobachter: Das ist die Bewusstheit, die fortwährende Achtsamkeit, das bewusste »Ich«, das aus einer neutralen Zeugenhaltung heraus einfach wahrnimmt, was ist. Der Beobachter in dir identifiziert sich niemals mit den Inhalten deiner Erfahrung.

Innerer Kritiker: Das ist der innere Kritiker in deinem Kopf, der dich aufgrund von verinnerlichten Vorstellungen von gut und schlecht, richtig und falsch, sollte und sollte nicht, bewertet und verurteilt. Die daraus resultierenden negativen Selbstgespräche mit ihrer ablehnenden und verurteilenden Haltung untergraben deine Integrität und damit dein Selbstwertgefühl und Selbstvertrauen.

Kleines Ich: Dieser Aspekt in dir identifiziert sich mit den Inhalten deiner Erfahrung, also mit dem, was du gerade erlebst. Es ist davon überzeugt, dass deine Identität, also, wer du bist, von deinem Erleben bestimmt wird. Wenn es sich vollständig von einer Erfahrung absorbieren lässt, reagiert es auf instinktive und reaktive Weise (siehe dazu das Reaktionsmuster des Kleinen Ichs auf Seite 109)

Körperempfindung: Die Wahrnehmung einer körperlichen Manifestation im Innern des Körpers. Auf Seite 78 f findest du eine Liste mit den verschiedenen Arten von Körperempfindungen. Das Bewusstwerden der eigenen Körperempfindungen ist ebenfalls eine Grundlage für das Wahrnehmen des Bodyshifts, des dritten Schrittes des Willkommens-Prozesses.

Orientieren: Genieße dein Plateau, indem du dir bewusst die Farben, Formen und Strukturen der Objekte anschaust, die dich umgeben und von denen du dich spontan angezogen fühlst. Das Orientieren lädt dein Nervensystem ein, in deiner Wahrnehmung eine Brücke zwischen der Innen- und Außenwelt und ein natürliches Gleichgewicht zwischen den beiden herzustellen.

Plateau: Das ist die Ruhephase des Willkommens-Prozesses, die du automatisch erreichst, nachdem du eine bestimmte Anzahl von Willkommens-Kreisläufen durchlaufen hast. Das Plateau ist ebenfalls eine Integrationsphase, die es dir ermöglicht, die »harmonisierenden Nachwirkungen« des Prozesses aufzunehmen und zu verinnerlichen.

Plateau-Regel: Diese Richtlinie besagt: Um eine vollständige Willkommens-Sitzung durchzuführen, gehst du durch so viele Willkommens-Kreisläufe, bis du einen entspannten, ausgeglichenen oder zentrierten Ruhezustand erreicht hast.

Selbstliebe: Dieser Begriff, wie ich ihn verwende, hat zwei Hauptbedeutungen. Einerseits drückt er die natürliche Einheit von Selbst und Liebe auf der essenziellen Ebene deines Wesens aus sowie die essenzielle Qualität der Liebe (symbolisiert durch die Innere Sonne), die aus deinem Innersten strahlt. Andererseits steht Selbstliebe für den Prozess und die Methode, durch die du lernst, dich selbst zu lieben, und mit der du Selbstliebe in deinem Leben kultivierst.

Selbstregulation: Dein Bodymind verfügt über eine angeborene Intelligenz, die automatisch jeden Erfahrungsinhalt, den du willkommen heißt und zulässt, transformiert und harmonisiert. So wie dein Körper über die Fähigkeit verfügt, seine Homöostase aufrechtzuerhalten, so verfügt deine Psyche über natürliche Mechanismen, die es ihr ermöglichen, ihr Gleichgewicht wiederherzustellen und beizubehalten.

Soma: Dieser griechische Begriff bedeutet: der lebendige Körper von innen heraus erlebt. Die Begriffe Soma und Bodymind sind identisch in dem Sinn, dass sie sich beide auf die funktionale Einheit von Körper und Geist beziehen.

Sitzungsthema: Das von dir gewählte Einstiegsthema, mit dem du deine Willkommens-Sitzung beginnst.

Wahrnehmen des Bodyshifts: Der dritte Schritt des Willkommens-Prozesses. Dabei richtest du deine Aufmerksamkeit auf dein Körperinneres und beobachtest deine Körperempfindungen, bis

247

du die Veränderung bemerkst, die im Augenblick des eigentlichen Zulassens geschieht.

Willkommen heißen: Der erste Schritt des Willkommens-Prozesses, der mit der Willkommens-Frage eingeleitet wird: »Was erlebst du gerade?«

Willkommens-Kreislauf: Dieser Begriff bezeichnet das Herzstück und gleichzeitig die Zusammenfassung der grundlegenden »Technik« des Willkommens-Prozesses. Eine vereinfachte grafische Darstellung des Willkommens-Kreislaufs auf Seite 184 zeigt dir, wie die drei Grundschritte des Prozesses in einem zyklischen System zusammenwirken.

Zulassen: Der zweite Schritt des Willkommens-Prozesses, der mit der Willkommens-Frage eingeleitet wird: »Kannst du deine Erfahrung zulassen?«, sowie der Nichtzulassens-Frage: »Kannst du dein Nein/Nichtzulassen/deinen Widerstand zulassen?«

Anmerkungen

1 Erich Fromm: *Die Kunst des Liebens.* Ullstein, Berlin, 2005

2 Der Begriff Selbstliebe, wie er in diesem Buch verwendet wird, hat zwei grundlegende Bedeutungen: Erstens beschreibt er einen Prozess, mit dem eine bewusste und liebevolle Beziehung zu sich selbst kultiviert werden kann, und zweitens die naturgegebene Einheit zwischen dem Selbst und der Liebe.

3 Der Willkommens-Prozess™ ist die deutsche Übersetzung des englischen Originalbegriffs »The Welcoming-Process™«.

4 Bodymind: Ein Ausdruck, der die Einheit von Körper und Psyche sowie das Zusammenspiel und Ineinanderwirken von physiologischen und psychologischen Prozessen beschreibt. Für zentrale Begriffe, die direkt oder indirekt mit der Methode dieses Buches zu tun haben, werden teilweise die englischen Worte des Originaltextes beibehalten, da die deutschen Übersetzungen zu schwerfällig oder zu ungenau sein würden.

5 Im Glossar ab Seite 244 findest du eine Liste mit den Definitionen der wichtigsten Begriffe.

6 Swami Prajnanpad: *Die Weisheit Indiens.* Knesebeck Verlag, München, 2003

7 Aristoteles: http://de.wikipedia.org/wiki/Aristoteles

8 Paramahansa Yogananda: *The Divine Romance.* Deutsch: *Im Zauber des Göttlichen: Gesammelte Vorträge und Essays.* Self-Realization Fellowship, Los Angeles, 2004

9 Haridas Chauduri: *The Philosophy of Love.* Penguin, London, 1988

10 Lester Levenson: *Keys to the Ultimate Freedom.* Sedona Press, Sedona, 1993

11 http://de.wikipedia.org/wiki/Sat-Chit-Ananda

12 Maharishi Mahesh Yogi: *Bhagavad Gita.* J. Kamphausen Verlag, Bielefeld, 1999

13 Carl Gustav Jung: *Gesammelte Werke.* Walter Verlag, Olten, 2000

14 Ebenda

15 David Boadella und David Smith: *Maps of Character.* Abbotsbury Publications, London, 1986

249

16   Nathaniel Branden: *Honoring the Self*. Bantam Books, New York, 1985

17   Susan Thesenga: *The Undefended Self. Living the Pathwork*. Pathwork Press, Madison, 2001

18   Carl Gustav Jung: *Gesammelte Werke*. Walter Verlag, Olten, 2000

19   Ebenda

20   Der Ausdruck Bodymind oder zu Deutsch »Körpergeist« drückt die Einheit des Zusammenspiels zwischen dem physischen Körper und dem Geist oder der Psyche aus sowie die gegenseitige Wechselwirkung zwischen allen physiologischen und psychologischen Prozessen. Da der Begriff »Körpergeist« etwas schwerfällig klingt, werde ich jedes Mal, wenn ich bewusst auf die Einheit oder Untrennbarkeit von Körper und Geist verweise, das englische Wort Bodymind verwenden.

21   In Wilhelm Reichs Modell wird die Schattenschicht als die zweite Schicht bezeichnet. Eva Pierrakos, die Gründerin des Pathwork, nennt sie das niedere Selbst.

22   Deutsch: Tenzin Wangyal Rinpoche: *Übung der Nacht: Tibetische Meditationen in Schlaf und Traum*. Goldmann, München, 2008

23   Selbstregulation: Dein Bodymind verfügt über eine angeborene Intelligenz, die automatisch jeden Erfahrungsinhalt, den du willkommen heißt und zulässt, transformiert und harmonisiert. So wie dein Körper über die Fähigkeit verfügt, seine Homöostase aufrechtzuerhalten, so verfügt deine Psyche über natürliche Mechanismen, die es ihr ermöglichen, ihr Gleichgewicht wiederherzustellen und beizubehalten.

24   Deutsch: Hal und Sidra Stone: *Du bist viele*. Heyne, München, 2000

25   Eva Pierrakos: Pathwork Lecture # 83, 14. April 1961

26   Tara Bennett-Goleman: *Emotional Alchemy*. Deutsch: *Emotionale Alchemie. Der Schlüssel zu Glück und innerem Frieden*. Fischer, Frankfurt, 2004

27   *Soma* ist ein griechischer Ausdruck, der sich auf den lebendigen Körper bezieht, den wir von innen heraus erleben; im Gegensatz zum physischen Körper, den wir von außen her betrachten – aus der Perspektive einer anderen Person. Das Ziel der somatischen Schulung besteht darin, den Klienten dabei zu unterstützen, sich seines eigenen Körpers bewusst zu werden, ihn innerlich zu erfahren, indem er lernt, die Körperempfindungen deutlich wahrzunehmen und zu unterscheiden.

28   Eine Körperempfindung ist eine Regung, eine Manifestation, die man im eigenen Körper wahrnimmt. Die eigenen Körperempfindungen bewusst wahrzunehmen, ist die Grundlage für das »Wahrnehmen des Bodyshifts«,

des dritten Schrittes des Willkommens-Prozesses, der zentralen Methode, um die Kunst der Selbstliebe zu kultivieren. Auf der nächsten Seite findest du eine Auflistung der verschiedenen Arten der Körperempfindungen.

29 Abraham H. Maslow: *Motivation und Persönlichkeit.* Rowohlt, Reinbek, 1981

30 http://de.wikipedia.org/wiki/Robert_Plutchik

31 Deutsch: Marshall Govindan und Jan Ahlund: *Kriya Yoga. Erkenntnisse auf dem Weg.* Hans-Nietsch-Verlag, Emmendingen, 2011

32 Siehe dazu:»Das Reaktionsmuster des kleinen Ichs« im fünften Kapitel auf Seite 109

33 Lester Levenson: *Keys to the Ultimate Freedom.* Sedona Institute, Sedona, 1993

34 William Shakespeare: *Hamlet.* 2 Aufzug, 2. Szene. Reclam Verlag, Ditzingen, 1978

35 Mit großer Wertschätzung möchte ich Lester Levenson, dem Begründer der Sedona Methode®, meine Anerkennung ausdrücken, da er mein Konzept der »Vier Grundbedürfnisse des kleinen Ichs« inspiriert hat. Alle Ähnlichkeiten zwischen meiner Arbeit, dem Willkommens-Prozess™ und der Sedona Methode® sind unbeabsichtigt.

36 Deutsch: Peter Levine: *Trauma-Heilung: Das Erwachen des Tigers. Unsere Fähigkeit, traumatische Erfahrung zu transformieren.* Synthesis Verlag, Essen, 1999

37 Viktor E. Frankl: ... *trotzdem Ja zum Leben sagen: Ein Psychologe erlebt das Konzentrationslager.* Kösel Verlag, München, 2009

38 Daniel Odier: *Desire.* Deutsch: *Begierde, Leidenschaft und Spiritualität. Der tantrische Weg des Erwachens.* Innenwelt Verlag, Köln, 2002

39 American Psychology Association (APA):»Open Up! Writing About Trauma Reduces Stress, Aids Immunity« in *Psychology Matters* http://www.apa.org/monitor/sep01/keepdiary.aspx

40 Such dir die Willkommens-Frage aus, die dich am meisten anspricht. Jede Frage wird dir sofort den Inhalt deines gegenwärtigen Erlebens bewusst machen.

41 Dir stehen verschiedene Willkommens-Fragen zur Verfügung. Du kannst immer dieselbe Frage benutzen oder auch verschiedene verwenden. Egal, wofür du dich entscheidest, beide Varianten sind gleichermaßen effektiv.

42 Manchmal kann der Inhalt deiner Erfahrung auch in Form einer Frage in Erscheinung treten.

251

43 Zitiert in: Miranda Holden: *Boundless Love: Transforming Your Life with Grace and Inspiration*. Rider Books, London, 2002

44 Die Körperempfindung, das Bedürfnis, das Gefühl, die Emotion, der Gedanke … Was auch immer der Inhalt deiner Erfahrung sein mag, den du willkommen geheißen und im ersten Schritt des Willkommens-Prozesses aufgeschrieben hast.

45 Alle drei Nichtzulassens-Fragen sind gleichwertig. Wähle diejenige aus, die dir am meisten zusagt.

46 http://de.wikipedia.org/wiki/Denis_de_Rougemont

47 http://seedmagazine.com/content/article/the_incredible_communicable_yawn/Siehe auch: http://www.spiegel.de/spiegel/print/d-71123470.html

48 http://de.wikipedia.org/wiki/Sri_Kaleshwar

49 Zur Erinnerung: Wenn du auch die Nichtzulassens-Frage mit »Nein« beantwortest, gehst du zurück zum ersten Schritt des Willkommens-Prozesses und stellst dir erneut die Willkommens-Frage.

50 Eva Pierrakos: Guide Lecture # 190. http://www.pathwork.org/lectures.html

51 R. D. Laing: *Eros, Love and Lies*. Video, Gatesgarth Productions 1990

52 Kannst du das Nichtzulassen deiner Erfahrung zulassen?

53 Solange du noch am Erlernen des Willkommens-Prozesses bist, arbeite bitte nur mit Sitzungsthemen, die sich auf der emotionalen Intensitätsskala zwischen 3–5 befinden. Nachdem du bereits mehrere Sitzungen durchgeführt hast, kannst du dir auch Themen auf der Skala von 5–7 aussuchen. Wenn du dich schließlich sicher fühlst und mit dem Willkommens-Prozess vertraut bist, stehen dir auch Sitzungsthemen offen, die sich auf der Skala von 7–9 befinden.

54 Louise L. Hay: *Das Leben lieben: Heilende Gedanken für Körper und Seele*. Allegria, München, 2004

Dank

Euch allen danke ich von Herzen: meiner Mutter Marie-Louise, die mir beigebracht hat, dass Liebe das zentrale Prinzip des Lebens ist; meinem Vater Dieter, der starb, bevor ich mit ihm sprechen konnte; meinen Vorfahren für ihr Vermächtnis, besonders meinen Großeltern, die meine Inspiration, Führung und Freude in meinen frühen Lebensjahren waren; Sheila Nunes für ihre Liebe und Unterstützung, Caitlin Catley für ihren Glauben an mich und dieses Buchprojekt; meinem Bruder Adrian, der mir Erdung gibt und mich immer wieder mit den »harten Tatsachen« des Lebens konfrontiert; Valérie, die mich vor vielen Jahren ermutigt hat, nicht mehr auf Schweizerdeutsch zu schreiben, und Tekeal Riley, meine erste bewusste Beziehungslehrerin.

Ein großes Dankeschön geht ebenfalls an mein professionelles Buchteam: Sandra England für ihr Feedback zum ersten Manuskript; Manfred Miethe, den Lektor der deutschen Ausgabe dieses Buches; Geralyn Gendreau, die Lektorin der englischen Originalausgabe meines Buches; Sam Roberts für die grafischen Darstellungen, Jakob Mallmann, den Leitenden Lektor des Integral Verlags und sein ganzes Team sowie Wulfing von Rohr, meinen Buchagenten.

Ich bin dankbar für all meine Freunde, Familienmitglieder und persönlichen Lehrer, die mein Leben durch direkten, persönlichen Kontakt oder im Geiste bereichert haben: Daniela König, Raven Jones, Max J. van Praag, Mukul Kumar, Bernhard Maul, Gabriela Fritschi, Jürg Ott, Roger K. Marsh, Alice und Louise

Lobsiger, Patricia Elwood, Andrea-Katja Lobsiger, Liliana Acero, Carol Spirig, Judith und Martin Müller, Silvana Pagani, Thomas Schmid, Walter Orion, Darren Stamos, Rosemary Shoong, Will Bullock, Michael Flemming, Rolf Steiner, Annicka Hentonnen, Lukas Wiesli, Corinne Zobrist, Anne-Francoise Cart, Amr Huber, Kari Karrer, Maggi Gonzalez, Reinhold Knips, Norbert Soentgen, Siegbert Kissler, Norbert Geiger, Whitney Gordon, Noi, Kalsang Choedon, die New York Pathwork Community, die Biosynthese T9 Mitglieder, David Boadella, Silvia Specht-Boadella, Peter Levine, Steve Hoskinson, Barbara Ann Brennan, Eleanor Criswell-Hanna, Lee Glickstein, Marshall Govindan Satchidananda, Nandhi, Kriyananda, Sri Siva, Sri Kaleshwar, Sanaya Roman, Duane Packer, Paramahansa Yogananda, Babaji Nagaraj, Baird T. Spalding, C. G. Jung, Lester Levenson, Jane Roberts, John C. Lilly, Grigori Grabovoi, Arcady Petrov, Max Christensen und all diejenigen, die mich berührt haben und deren Namen ich nicht erwähnt habe.

Meine tiefste Dankbarkeit geht an all die Lichtwesen, die Siddhas, die perfekten Yogi-Meister, und das Göttliche, das Alles-Was-Ist, das innerste Selbst, in und aus dem heraus wir alle leben, das uns nährt, führt und unser Leben sowie die gesamte Existenz mit Liebe im ewigen Jetzt erfüllt.

Herzlichen Dank an euch alle!

Über den Autor

Frank M. Lobsiger ist Therapeut, Autor und Kursleiter; ausgebildet in körperzentrierter Psychotherapie (Biosynthese®), energetischer Heilarbeit (Barbara Brennan School of Healing®), neuromuskulärer Schulung (Hanna Somatic Education®), Trauma-Heilung (Somatic Experiencing®), Speaking Circles® sowie zahlreichen anderen Heilmethoden. Aufgrund persönlicher Erfahrungen gelangte Frank zur Einsicht, dass die Kultivierung von Selbstliebe im Alltag die Basis für ein erfülltes und glückliches Leben ist. Er sieht seine Berufung darin, Menschen durch praktische Techniken wie den Willkommens-Prozess™ dabei zu unterstützen, eine bewusste und liebevolle Haltung sich selbst gegenüber zu kultivieren.

Seit seiner Jugend beschäftigt er sich intensiv mit Praktiken zur Verwirklichung des menschlichen Potenzials im Bereich Heilung, Gesundheit, Meditation und Yoga. Frank bietet Therapie, Coaching, Lebensberatung und Kurse zu den Themen Selbstliebe, Selbstheilung, Persönlichkeitsentwicklung und bewusster Lebensgestaltung auf Deutsch und Englisch an.

Kontaktinformationen

Weitere Informationen betreffend therapeutischer Einzelsitzungen, Coaching, telefonischer Beratung, Kursen und Trainings zur Kultivierung der Kunst der Selbstliebe findest du auf:

www.DieKunstDerSelbstliebe.ch

Du kannst den Autor auch direkt über folgende Adresse kontaktieren:

Frank M. Lobsiger
Zentrum Lichtpunkt
Chemin du Jura 53
CH-1470 Estavayer-le-Lac/Schweiz

E-Mail: Frank.Lobsiger@DieKunstDerSelbstliebe.ch
www.ZentrumLichtPunkt.ch
Telefon: +41 (0)2 65 35 88 48